천내의 꿈

최인식 수필집

천내의 꿈

해암

『천내의 꿈』을 펴내면서

참 오랜 세월이었습니다.

6·25전쟁으로 북새통을 이루던 시절. 시골소년의 '책과의 만남'은 경이로운 것이었습니다.

피난민들을 따라온 책들이 생활에 쫓겨 시장판에 쏟아져 나온 것이었습니다. 책을 살 수 없는 가난한 소년은 책 더미 옆 난장에 퍼질고 앉아 책을 읽었습니다. 눈치에 쫓기면서도 한도 없이 많은 책을 읽고, 또 읽었습니다.

책 속에 빠진 소년은 꿈 하나를 가졌습니다. '나도 글을 쓰고 싶다. 책을 내고 싶다.'는 그야말로 꿈 같은 꿈이었습니다. 그러나 현실은 가혹했습니다. 꿈을 가슴에 묻어야 했습니다. 살아 남기 위한 생존경쟁에 꿈을 꾸는 것조차도 호사였습니다.

그렇게 세월이 흘렀습니다. 반세기도 훨씬 넘는 세월입니다. 그러다가 문득 깨달았습니다. 아직도 가슴 속에서 꿈이 꿈틀거리고 있다는 것을 느꼈습니다.

용두목 철교를 울리던 기적소리, 살구꽃 복사꽃 피던 평리마을, 흰 능금꽃과 붉은 복숭아꽃이 점점이 어울리던 과수원 길, 금모래 은모래 빤짝이던 천내그랑의 모래톱, 남천강이 굽이치는 영남루…. 그리움이 쌓인 고향의 그림과 여백들.

영남루 처마 끝에서 빤짝이는 남천강의 낙조, 서산마루에 걸린 황혼이 찬란한 마지막 빛을 뿜습니다. 서쪽으로 나르는 추억의 새를 따라 그리운 날의 꿈을 찾습니다.

이제 지나온 날보다 남은 날이 그리 많지 아니합니다. 꿈을 키워주던 요람의 흔적도 지워지고, 추억은 그림자만 겹겹이 쌓입니다.

그동안 응어리로 남아 있던 흔적과 낙수를 모았습니다. 부족하고 미급합니다. 홀랑 옷을 벗은 알몸으로 나섰다는 부끄러움이 앞섭니다. 그래도 평생 가슴 속에 담아 왔던 소년의 꿈을 되새길 수 있다는 기쁨으로 가슴이 벅찹니다.

나는 아직도 꿈속에 살고 있습니다.

남천강이 굽이치는 영남루에서
2015년 7월 **최 인 식**

| 차 례 |

1부

천내의 꿈

2부

원고지 한 권

3부

그리운 시절

4부

어긋난 약속

5부

고향 밀양

1부 천내의 꿈

천내의 꿈

남천강을 건너 다닐적 마다 습관처럼 강 상류 쪽 천내그랑이 있던 곳을 돌아본다. 그곳에 실안개가 피어오르거나 구름이 드리워져 있으면 더욱 좋다.

천내그랑은 지금은 흔적조차 없어져 버렸지만 삼문동 솔밭에서 건너편 아동산 기슭까지 가로지르는 200~300M 폭의 강바닥을 말한다. 지금은 하천 개수 작업으로 선을 긋듯 일직선의 제방에 막혀 있고 수중보 때문에 호수처럼 물이 가득 채워져 있지만 그 옛날에는 그곳에 올망졸망한 모래톱과 땅수양버들에 피라미가 그림처럼 노닐던 곳이었다.

일자봉과 추화산자락이 마주선 틈새를 비집고 흐르던 남천강이 암새들을 껴안으면서 용두목을 돌아 삼문동 솔밭에서 잠시 한숨을 돌렸다가 아동산 기슭을 향해 작은 개울처럼 패인 강바닥을 가로질러 곤두박질치듯 흘렀다.

경부선 철길을 뒤에 두고 키 작은 물푸레나무와 땅버들이 듬성듬성 가려진 곳에 찬물 샘이 있었고 그 사이에 꽤 넓은 모래톱이 펼쳐 있었다. 강바닥에는 호박덩이 같은 큰 강돌로 가득 채워져 있었지만 천내그랑에는 하얗고 빨갛고 파아란 색깔의 밤 같은 자갈들이 물속 가득히 채워져 있었다.

피라미와 송사리 떼가 그 맑은 물줄기를 따라 몰려다니곤 했다.

천내그랑은 남천강의 느리고 유유한 물길과는 달리 곤두박질하듯 꽤 물살이 거셌다. 위쪽에는 물이 허리까지 차올랐으나 아래쪽으로 흐를수록 물줄기가 부채살처럼 펼쳐져 말목까지 넘실거렸다.

우리 조무래기들이 위쪽 개울목에서 텀벙 물속으로 뛰어들면 빠른 물살에 실려 절로 아래쪽까지 떠내려 오면서 개헤엄과 개구리헤엄을 배웠다. 그러다가 지치면 모래톱에 벌렁 드러누웠다.

벌거벗은 온몸에 온통 모래를 묻혀 해바라기를 즐겼다.

파아란 하늘에는 흰 구름이 두둥실 떠 있고 햇살은 따가웠다. 목이 마르면 참물 샘으로 달려가 물속에 고개를 묻고 샘물을 마구 들이켰다. 참물 샘은 강바닥에 송글송글 구멍이 뚫려있었고 펑펑 쏟아나고 있었다. 물구멍에서는 물이 솟을 때마다 작은 모래알들이 구를 듯이 솟아오르곤 했다.

한여름에는 뼛속까지 저릴 만큼 시린 냉기에 무더위가 가셨고, 겨울에는 내내 모락모락 수증기가 피어올랐다.

아낙네들이 삼삼오오 짝을 지어 이곳으로 모여들었다. 아낙네들은 넓적 넙적한 돌들을 골라 빨래터를 만들고 두 다리를 물속에 담근 채 빨랫방망이를 힘껏 두들겼다. 씻은 빨래는 강바닥에 펼쳐 햇볕에 바래면서 깨끗하게 마르는 동안 물속에 앉아 멱을 감거나 머리를 감았다.

이때 아낙네들의 낭낭한 웃음소리는 하늘 높이 날면서 조잘대는 종달새 소리와 어울려 청아한 교향곡을 이룬다. 용두목과 솔밭, 천내 그랑에는 사시사철 사람들의 발길이 끊이지 아니하는 곳이었다.

봄이면 피어오르는 아지랑이 따라 멀리 추화산자락 평리마을이 아름다웠다. 나지막한 초가 사이로 살구꽃이 피면 경부선 철길 따라 붉은 복숭아꽃이 자지러지게 피었다.

점점홍點點紅의 복숭아꽃 아양에 뒤질세라 새하얀 배꽃과 사과꽃이 어울리면 고향의 봄은 절로 한 폭 그림이 된다. 한여름 왕잠자리를 잡으러 논두렁과 강기슭을 쫓아다니다가 땀범벅이 되면 그대로 텀벙 물속으로 뛰어들었다. 기차가 기적을 울리며 철교 위를 지나가면 그냥 뜻도 없는 고함을 내지르면서 두 팔을 내둘렀다.

해방이 되던 해 15일이던가 16일이던가… 해가 서쪽으로 스멀스멀 기울어져 가던 때 멀리 밀양교 쪽에서 둥둥 큰 북소리와 흥겨운 농악 소리가 들려왔다.

조무래기들은 우르르 모래 둔덕으로 몰려가 일제히 그쪽을 보았다. 밀양교 다리 위 가득히 사람들이 무리 지어 있었고 맨 앞쪽에 높이 쳐든 큰 횃대나무에 달린 깃발이 장단에 맞추어 우쭐우쭐 춤을 추고 있었다.

"일본 사람들이 저거 나라로 쫓겨간다고 좋아서 저카는 기라…."

머리 통 큰 놈이 저만 안다는 듯이 자랑삼아 하는 말에 조무래기들은 그게 무슨 뜻인지도 모르면서 그냥 고개를 끄덕이었다.

큰 구경거리가 생긴 것이 그저 좋았다. 한패의 조무래기들은 냅다 다리께로 내닫고 남은 아이들은 다시 첨벙 물속으로 뛰어들었다.

그들의 머리 위로 고추잠자리 한 떼가 맴돌고 있었다. 아이들은 그렇게 천내그랑의 물과 모래톱에 뒹굴면서 자랐다. 세월은 그렇게 훌쩍 흘러갔다.

군대 생활 3년의 공백은 너무나 컸었다. 매일 어제가 오늘 같고 오늘이 내일 같은 지친 나날의 지겨움에 할 일 없이 다시 천내그랑에 나와 앉았다. 챙 넓은 밀짚모자에 수건을 목에 두르고 평평한 큰 돌을 찾아 앉아 책을 펴들었다.

흐르는 물길과 반짝이는 햇살에 글이 눈에 들어올 리 없었다. 그래도 그렇게 앉아있었다.

천내그랑의 빠른 물살과 모래톱은 뛰고 뒹굴며 놀던 그날처럼 거기 그대로 있지만 옛날 참외랑 수박이랑 서리하고 철망을 헤집고 들어가 복숭아를 따먹던 그 어리숙했던 인정은 찾아볼 수 없었다.

오늘도 밀양교에 서서 천내그랑 쪽을 바라본다. 난간 위에 몸을 싣고 지그시 눈을 감는다. 이미 이순을 훌쩍 넘어버린 세월…. 생활 한켠으로 밀려난 채 나날이 변해가는 세상살이를 지켜보는 길목에는 추억만 겹겹이 쌓이고 그 너머로 황혼의 잔영殘影이 스멀거린다.

철없던 시절 하늘의 별이라도 딸 것만 같았던 그날의 기억들도 이미 희미하게 바래 버렸다.

턱걸이하듯 생존현장의 마루턱을 넘어 보려는 안타까움으로 바둥거리는 자존심과 까닭 없는 꼬투리로 조바심 치는 모습은 텅 비어버린 가슴속에 허전한 한숨만 남긴다.

일자봉과 추화산이 거기 있고 솔밭도 예와 같이 푸르르다. 그러나 꽥! 기적소리 요란하던 추억 어린 증기기관차는 부웅하는 디젤기관차로 바뀌었다. 개구리 헤엄치던 꼬부랑바위도 없어졌다. 할머니와 어머니가 촛불을 켜고 치성을 드리며 복을 빌던 귀신바위도 자취를 감추었다. 찰랑이던 물결에 실려 모래알이 구르던 모래톱도 간 곳이 없다. 햇살이 반짝이던 모래알과 빨갛고 파랗던 밤자갈과 키 낮은 땅버들도 흔적이 없다.

이미 변해버린 천내의 아름다움, 그림의 여백에는 하늘과 땅, 산과 나무, 바람과 강물… 그리움이 왈칵 몰려오고 반백의 성근 머리카락에는 강바람만 싱그럽다.

쓸쓸한 느낌…

어느 날 문득 뒤 돌아본 지난날이 너무도 허허로워 일순에 모든 게 멈추어 버린 듯싶은 착각에 빠진다. 연연할 수도 없고 그렇다고 모질게 잘라 버릴 수도 없는 추억, 어쩌면 다 살아 버렸다는 체념 같은 생각에 가슴이 텅 빈다.

그리움과 서러움, 사랑과 우정… 그 모든 게 뒤범벅이 되었지만, 남은 인생 멋지게 살아보겠다는 용솟음을 안고 가슴 가득히 강바람을 마신다.

덤으로 사는 삶

7월 하순의 눈부신 태양이 작열하고 있었다. 뜨거운 햇살이 아스팔트 위에서 지글지글 끓어오르는 듯했다. 거리를 다니는 사람들의 모습도 뜸하고, 텅 빈 광장 가장자리에 늘어 선 관목의 이파리들도 지친 듯 축 처져 있었다. 귀청이 따갑도록 울어대던 매미 소리도 멎었다. 순간 모든 게 그대로 멈추어 선 듯 한 정적에 오히려 귓속이 찡했다.

창가에 기대 선 채 사무실 안을 돌아본다. 벽에 붙어 선 책장 안의 책들도 가지런히 정돈되어 있고, 책상과 응접탁자도 말끔히 치워져 있다. 금방 방주인이 바뀐다 해도 될 만큼 모든 것이 정갈하다. 며칠 전부터 직원들이 눈치 채지 아니하게 하나하나 챙겨 정리했다.

어쩌면 이 모든 것을 다시 보지 못할지도 모른다는 생각에 책상과 응접세트, 의자 하나에 이르기까지 머릿속에 새겨두듯 눈여겨본다.

내일이면 다시 병원으로 가야 한다. 그 무서운 수술실에 내 몸을 맡겨야 한다는 두려움이 왈칵 몰려 왔다. 저 만큼 죽음의 문턱이 다가 왔다는 공포에 온몸에 닭살 같은 소름이 솟는다.

나는 이미 1년 6개월 전에 심장 수술을 받은 경험이 있다. 그때는 가슴을 열고 심장수술을 받는다는 것이 얼마나 위험한 것인지 몰랐고, 엉겁결에 받은 수술이기 때문에 두려워 할 틈이 없었다. 그러나 이제 다시 가슴을 열고 수술을 받아야 한다는 공포가 온몸을 꽁꽁 조여왔다.

내 병력은 몇 년 전으로 거슬러 올라간다. 언제부터인가, 이층 계단을 급하게 오르거나, 바쁘고 긴장해야 할 일이 있으면 갑자기 가슴이 막히고 헉헉거리면서 말을 잇지 못하곤 했다. 그래도 그것이 심장에 문제가 있을 거라고는 생각해 본 적이 없었다. 소심하고 내성적인 성격 때문에 긴장에서 오는 일시적인 현상이려니 생각하고 무심히 넘겼다.

그러던 어느 날 부터인가, 매일 새벽마다 오르던 뒷동산 산책길이 힘겨워졌고, 가슴 깊숙한 곳에서부터 아련한 통증이 느껴졌다.

부랴부랴 부산 B병원으로 달려갔고, 협심증 진단을 받았다. 이때부터 하루 세끼, 꼬박꼬박 약을 먹고 정기적으로 진료를 받는 투병생활이 시작되었다.

그것도 오래가지 못했다. 연말 업무정리 때문에 밤을 새고 정신없이 일 속에 묻혀 지내던 어느 새벽. 갑자기 온몸이 조여오는 통증으로 쓰러졌고, 비오듯 쏟아지는 땀으로 정신을 놓았다.

서둘러야 했다. 부천 심장전문 S병원에 입원했고, 이미 때를 놓쳐 풍선 확장시술이나 스턴트 삽입으로는 안 되고, 가슴을 열어야 한다는 진단이 내려졌다. 3일간의 검사와 8시간에 걸친 수술 끝에 목숨을 건질 수 있었다. 왼쪽 다리 안쪽의 허벅지에서 발목까지 이르는 대 정맥을 뽑아내어 심장의 관상동맥 협착부분을 교환해주는 관상동맥 우회시술이라는 대수술이었다.

수술 결과는 좋았다. 금방 건강을 되찾는 듯했다. 일상생활에 조금도 불편을 느끼지 못했다. 그러나 수술 1년 만에 있은 사후 정밀검사 결과 또 다른 이상이 발견되었다. 다시 수술을 해야 한다는 결론이 나왔다. 수술 그 자체보다도 그 날짜를 기다리는데 두려움이 몰려왔다.

수술대의 그 차갑던 촉감, 눈부시게 쏟아지던 천장의 불빛, 그리고 마취액의 그 역겹던 약 내음. 중환자실의 무거운 정적… 이제 가면 다시 살아 돌아올 수 없다는 중압감이 겹겹이 몰려왔다.

어쩔 수 없이 모든 걸 마감해야 한다는 절박한 사실에 회한이 쌓인다.

솔밭으로 가는 길은 뜨거운 열기에 금방 숨이 막힐 것 같았다. 오솔길에는 발길에 바스러진 솔잎이 수북이 쌓였고 걸음을 옮길적 마다 풀석풀석 먼지가 인다.

수원지의 우거진 아카시아와 굴참나무 잎새들이 한 더위에 지친 듯 축 처져있다. 그래도 은은한 풀 냄새는 싱그럽고 마음도 한결 밝아졌다.

갑자기 잊은 듯 잠잠하던 매미 소리가 목청을 높인다. 마지막 가는 길의 인사인가.

둑길에 올라서자 남천강의 강줄기를 따라 확 트인 시야가 시원하게 다가온다. 오랜 인고의 세월을 이겨 낸 소나무들이 늘어 선 사이로 잡초가 미풍에 흔들린다. 경부선 철길과 그 넘어 추화산, 강바닥의 올망졸망한 돌 무덤들. 언제 보아도 정겨운 모습에 마음이 놓인다.

원래 술을 마시지 못하는데다 소심한 성격 때문에 다른 사람들과 무관하게 어울리기가 어려웠다. 그래서 언제나 혼자 일 수밖에 없었다.

남에게 말할 수 없는 슬픔이나 스트레스가 쌓이면 밤중이라도 이곳 솔밭으로 달려 나왔다. 소나무 사이를 끝도 없이 쏘다니거나 뜻도 없는 고함을 속이 후련할 때까지 내질렀다. 그것은 절규였다. 그러다가 지치면 멍하니 주저앉아 허공을 응시한 채 끝도 없이 줄담배를 피웠다.

상을 가로지르는 경부선 철교를 밝혀주는 희미한 보안등이 가물거리면 하늘에 반짝이는 별빛도 물길 따라 함께 흐른다. 아무도 함께 할 수 없는 고독이 스믈스믈 몰려오고 제풀에 기가 꺾기도록 솔밭 속을 맴돌았다.

이제 이곳 모든 정경을 다시 볼 수 없다는 슬픔이 겹겹이 쌓인다. 소나무 등걸의 까칠까칠한 껍질도 매끄러운 정감으로 다가온다. 돌멩이 하나를 힘껏 강으로 던진다. 작은 파문이 겹겹이 일면서 잔잔하게 퍼져 나간다.

소나무 한 그루 한 그루를 헤아리듯 훑으면서 천천히 둑길을 돌아 어느덧 남천강을 건너고, 무봉사로 올라가는 계단 앞에 섰다.

아랑각 담장을 끼고 회색 시멘트로 매끈하게 만들어진 계단을 가쁜 숨을 몰아쉬면서 오른다. 쉰다섯 개의 계단을 하나하나 헤아리면서 천천히, 아주 천천히 오른다.

오솔길 따라 울타리처럼 빽빽하게 늘어 선 대나무 사이로 쏴아 하는 바람소리가 몰려온다. 대나무 끝에 매달린 이파리 하나가 팔랑개

비처럼 팔랑거린다.

거기 무봉사가 자리 잡고 있었다. 고즈넉한 정적 속에 추녀 끝에 달린 풍경소리가 청아하다. 이끌리듯 법당으로 들어선다. 짙은 향내와 은은한 조명 속에 신라 석조여래좌상 부처님의 보일 듯 말 듯 한 천년의 미소가 내려다보고 있다.

아무 소원도 빌지 아니했다. 아무것도 생각하지 아니하는 텅 빈 가슴으로 무릎을 꿇고 엎드려 있었다. 전생의 어떤 인연으로 이 세상에 왔다가 이제 돌아가야 하는가.

석양의 햇살이 남천강에 반사되어 영남루의 웅장한 추녀 밑에서 반짝인다. 붉게 물든 저녁 하늘의 아름다움이 그림처럼 다가온다.

눈을 크게 뜨고 사위를 돌아본다. 아무리 살펴도 이 작은 눈으로 그 많은 사연을 어떻게 다 읽을 수 있다는 것인가. 남천강과 영남루, 용두목과 삼문송림, 무봉사의 종소리와 아랑각의 전설, 그리고 그리운 사람들의 얼굴들…

이제 그 무섭던 두려움과 공포, 죽음에 대한 절망도 살아야겠다는 욕망도 없다. 텅 빈 가슴속, 아무것도 생각할 수 없다.

흔히 숲을 보면서 나무를 보지 못한다거나, 나무를 보면서 숲을 보지 못한다는 말이 있다.

삶은 단 한 번 밖에 없는 거다. 그래서 어떻게 사느냐에 의미를 부여해 왔다. 그러나 이제 끝났어야 하는 삶을 덤으로 받았다.

삶과 죽음에 대한 모든 미련을 이미 중환자 회복실의 차가운 병상 위에서 버렸다. 언제 끝나도 미련 없이 가고 욕심 없이 살겠다고 다짐했다.

비록 덤으로 받았다 하더라도 나의 인생은 나의 것이다. 가슴 속 추억은 이미 흘러가고 텅 빈 마음에 아름답게 채색된 그림 같은 잔영만 남았다 하더라도 결코 다른 사람이 나를 대신 살아 줄 수는 없다.

이제 나에게 삶을 준 모든 분들에게 고마운 생명의 빚을 졌다. 살아남아 있는 동안 그 고마운 모든 분들, 나를 아는 사람은 물론 처음 만나는 사람들 일지라도 감사하면서 고마움의 빚을 갚으면서 살아야겠다고 다짐한다.

나를 찾는다

그늘이 짙게 드리워져 있었다. 뜨거운 햇살을 피해 그늘로 들어선다. 금방 시원해진다. 햇살은 굴참나무 이파리에서 눈부시게 반짝인다.

6월의 숲은 온통 초록색으로 치장을 했다. 소나무와 잣나무는 숲의 주인답게 의젓하게 버티어 섰고, 검푸른 잎의 굴참나무는 연두색 옷을 차려 입은 느티나무와 함께 한다. 붉은 단풍나무는 푸른 숲 곳곳에 붉은 꽃송이를 수놓는다. 전나무, 물푸레나무, 이팝나무 등등 … 나무마다 모두 제 색깔을 자랑한다. 연두색이 있는가 하면 청록색이 어울리고, 초록과 푸른색을 그냥 푸르다고 한 말로 말할 수 없다. 같은 색도 짙고 옅음이 모두 다르다. 오묘한 생명의 색깔이 새삼스럽게 다가온다.

산사로 가는 길은 온통 푸석푸석한 먼지투성이다. 부쩍 늘어난 자동차 때문에 길은 움푹움푹 패였고, 바닥에 쌓인 낙엽은 형체도 없이 바스러져 버렸다. 차분해지려던 마음이 차바퀴에 바스러진 잡초처럼 헝클어진다. 한가로운 평정이 무참히 무너져 내린다.

절 마당에는 폭포가 쏟아지듯 땡볕이 넘쳐 내리고 있었다. 더운 열기가 삼문을 막아선다. 얼른 한발 자국 비켜선다. 종종 걸음으로 마당을 가로질러 그늘로 들어선다. 설법전 마룻바닥에 내동댕이치듯 주저앉는다. 골짜기를 타고 내리는 솔바람 따라 물소리가 들리는 듯하다. 한결 시원하다.

사위에 인적이라고는 없다. 한낮의 땡볕에 밀려 세상이 텅 빈 듯 정적뿐이다.

문득 나래를 퍼덕이는 새소리에 정신을 가다듬는다. 무심한 눈길을 대광전 처마 끝으로 보낸다. 화려한 삼출목三出目 공포 위에 은은하면서도 섬유한 금단청으로 단장한 처마가 용트림하듯 하늘에 솟구쳤다. 돛단배처럼 흐르던 한가로운 구름 한 점이 처마 끝에 걸렸다.

오늘이 그랬다. 특별한 이유가 있는 것도 아니었다. 새벽부터 울적했다. 모든 것이 헛갈리고 짜증스러웠다. 생각하는 가닥이 있는 것도 아니고, 그렇다고 아무 생각을 아니하는 것도 아니었다. 켜켜이 쌓인 생각의 꼬투리를 잡을 가닥이 없었다. 너부러진 잡념에서 벗어날 수 없었다. 어쩔 수 없이 자리를 박차고 나설 수밖에 없었다. 무작정 나선 것이 산사였다.

나무와 숲과 바람과 하늘을 본다. 대광전의 처마 끝에 달린 풍경의 청아한 소리에 나를 돌아본다.

문득, 그 옛날의 스님이 생각났다. 벌써 30여 년도 훨씬 지난 일이었다.

스님에게 막된 질문을 던졌다. 스님은 마음만 먹으면 금방 잡념에서 벗어나고 명상에 잠길 수 있느냐고 물었다. 스님은 빙그레 웃었다. 자기 생각에서 벗어나지 못하면 어떻게 중노릇을 할 수 있겠느냐면서 질문을 비켜갔다. 그때는 미처 깨닫지 못했다. 세속의 껍질을 깨는 것이 얼마나 많은 고행과 용맹전진을 해야 하는지를 알지 못했다. 그 뜻을 잠작하고 이해하기에는 무척 많은 세월이 흐른 뒤였다. 스님의 말 없는 웃음의 의미를 이제 겨우 느낄 뿐이다.

나는 아직도 나를 알지 못한다. 세속의 잡념과 욕심에서 벗어나지 못한다.

매일 나는 세상을 쉽고 편하게 살려는 게으름을 후회한다. 눈에 보이는 것만으로 판단하려는 조급함 때문에 그르치는 일을 되풀이하지 아니하려고 다짐한다. 그러나 그것뿐이다. 아무리 다짐을 해도 날이 새면 그만이다. 꼼꼼하게 챙겨야 할 일을 그저 적당히 넘긴다. 벌렁 네 활개를 펴고 누워 모두 공상 속으로 몰아넣고 지독한 게으름을 피운다. 그러니 제대로 되는 게 없다. 괜히 짜증을 내고 성질을 부린다. 원망할 곳 없는 일에 속만 부글거린다.

노상 그러하지 아니하겠다고 하면서도 매일 후회한다. 깨달으면서도 실천하지 못하는 버릇을 어떻게 해야 하나.

성철 큰 스님께서 '삶에는 정답이 없다'고 설파하셨다. '삶의 어떤 것이라도 잘 되었다거나 잘 못 되었다고 단정 지을 수 없다. 잘된 것이라고 하는 일이 잘못되었을 수도 있고, 잘못된 것이라는 일이 잘된 것일 수도 있다. 잘 된 것이나 잘못된 것이나 모두 정답일 수 있다. 또 모두 정답이 아닐 수도 있다. 그런데도 사람들은 모두 삶의 정답만을 찾아다니는 어리석음을 범한다' 고 말씀하셨다.

육체의 병은 고치기 쉽다. 그러나 영혼의 병은 고난의 길이다. 쉽게 고쳐지지 아니한다.

낡은 냄비 하나를 닦는데도 힘이 들고 땀을 흘려야 한다. 하물며 영혼을 닦는 일이 생각처럼 쉽게 고쳐질리 없다. 그래도 땀 한 방울 흘리지 아니하고 영혼의 병을 고치려고 한다. 하늘에서 감이 입으로 떨어 질 것이라는 어리석은 생각을 깨닫지 못하기 때문이다.

매일 집안 청소를 한다. 하루에 몇 번씩 쓸고 닦아도 언제나 먼지가 묻어난다. 마음 또한 같다. 다짐하고 또 다짐해도 언제나 흐트러진다. 세상에 황금이 돌덩이처럼 흔하면 돌덩이가 황금처럼 귀해진다고 했다. 어줍지 않은 것도 귀하게 다루고 다듬으면 황금처럼 빛난다는 것을 안다. 알면서도 귀한 것을 귀하다고 여길 줄 모르고, 선한 것을 선한 것으로 알지 못하는데 어찌 영혼이 맑아지겠는가.

어느 종교에서는 신전神殿을 청소하는 일이 청소하고 말하지 아니한다. 신혼身魂 닦기하고 한다. 자기들이 믿고 경배하는 신전을 가꾸고 다듬는 일을 세속에 더럽혀진 자기의 영혼을 닦고 다듬는 일로 간주한다. 기계처럼 먼지를 털고 걸레질을 한다는 단순한 청소로 보기보다 너무나 신선하다. 자기 몸과 마음을 싸고 있는 두꺼운 세속의 테를 끊고 때를 벗겨내는 일이 즐겁지 아니 할 수 없는 일이다. 청소에 대한 불편과 번거로운 마음이 있을 수 없다. 마음속에 쌓인 불만과 불평을 닦아내기에 너무나 열심이었다.

아름다운 꽃과 채소도 잔디밭에서는 잡초에 불과하다. 모든 것은 있어야 할 곳에 있어야 한다는 뜻이다. 아무리 귀한 것도 제자리를 벗어나면 제 값을 치를 수 없는 일이다. 길가에 버려진 작은 돌멩이 하나도 제 기능에 맞게 쓰이면 그것이 제 값이다. 구덩이를 메우거나 주춧돌의 고임으로 쓰일 때는 화강암 사고석 보다도 더 값진 기능을 한다. 어찌 작은 돌멩이라고 가볍게 볼 것인가.

미워할 사람이 있고, 싸울 수 있는 상대가 있다는 것은 행복한 일이다. 맞설 수 있는 사람이 없다는 것이 얼마나 공허한 일인가. 짜증을 내고 까닭 없이 허둥대기만 하는 나를 뒤돌아본다.

이제 깊은 이해와 너그러운 마음으로 나를 찾을 수 있을 것 같다. 작은 것에 감사하고 만족하는 마음의 부자가 되고 싶다. 감사하는 마음을 다시 배워야 될 것 같다.

솔바람에 마음이 조금은 느긋해 진다. 바람에 출렁이듯 넘실대는 나뭇가지에 나를 실어 보내면서 바다처럼 확 트인 하늘을 본다.

나무를 닮고자

봄이다. 나무를 심는 계절이다.

나무는 4월, 식목일에 심는 것으로 알았었다. 그러나 언제부턴가 3월이면 나무를 심는다고 부산을 떤다. 벌써부터 나무시장 광고들이 한창이다.

상설시장 입구, 도로변에도 묘목을 파는 난장이 섰다. 나무를 심는 철이 되면 해마다 이곳에 나무시장이 열렸다. 단풍나무와 동백나무 등 관상수와 매실, 모과 등 유실수까지 제법 구색을 갖추었다. 도시 사람들이 좋아하고 화분이나 화단에 심기가 알맞은 묘목들이다.

시장을 드나드는 사람들이 심심찮게 둘러보고 흥정을 벌린다. 묘목 값이 여간 아니었다. 웬만하면 몇 만 원이다. 그러나 묘목을 파는 아저씨는 야무지고 무뚝뚝해 보이는 모습과는 달리 꽤 소탈하고 시원시원했다. 값이 얼마라고 하여도 손님이 얼마를 주겠다고 하면 커다란 비닐봉지에 뿌리가 상하지 아니하게 곱게 싸서 건네준다.

치산치수治山治水는 옛부터 나라를 다스리는 첫 번째 덕목이었다.

우리 조상들은 푸른 산을 등지고 양지바른 기슭에 삶의 터를 잡았다. 마을 어귀에는 어김없이 맑은 시냇물이 흘렀다. 당산나무와 당산숲은 마을 앞을 막아서서 잡귀들의 범접을 막았다. 인심들이 후하고 시절이 태평한 명당이었다.

그러나 한 번 망가지고 헐벗은 산을 다시 가꾸기는 쉬운 일이 아니었다.

한참 어려웠던 시절. 해방과 6·25 전쟁을 거치는 동안 산들은 모두 헐벗었다. 달리 땔감이 없었던 그 시절, 아궁이에 불을 지피기 위해서는 다른 방도가 없었다. 손쉬운 대로 쉽게 주변의 산에서 나무를 베었다. 산은 점점 헐벗어 갔다. 끝내는 나무 한 그루, 풀 한 포기마저 남아나지 못했다. 산은 붉은 황토 속살을 드러냈다. 장마 때면 어김없이 사태가 났다. 붉은 황톳물은 마을을 덮치고, 사람들을 상하게 하는 것이 일상이었다. 그 만큼 살기가 어려웠고, 인심이 사납고 메말라갔다.

헐벗은 산에 나무를 심고, 관심을 가진 것은 70년대에 들어서서였다. 허가 없이 나무를 베거나 함부로 산에 들어가는 것을 강력하게 통제했다. 그리고는 수종에 상관없이 붉은 속살을 가릴 수 있는 속성수 심기를 서둘렀다.

자연을 가꾸는 데는 사람이 가장 큰 장애였다.

철저한 통제로 산을 헤치는 일을 막고, 나무 심기를 서두르자 산은 금방 제 모습을 찾기 시작했다. 그리고는 30여 년 만에 자연의 원 모습으로 돌아갔다.

산은 언제 보아도 너그러웠다. 넉넉했다. 푸른만큼 탐스러웠다. 그러나 지난날 지나치게 녹화만 서두른 바람에 숲의 경제성은 형편이 없었다. 아카시아, 낙엽송, 은사시나무 등이 그때 심었던 것들이다. 경제성은 고사하고 땔감으로도 마땅치 아니했다.

오늘도 우리는 나무를 심는다. 이제는 옛날, 그때처럼 아무 나무나 마구 심지 아니한다. 환경을 가꾸면서도 좋은 열매를 얻을 수 있는 나무를 가려서 심는다.

나무는 봄에 씨를 뿌려 가을에 수확을 거두어들일 수 없다. 좋은 열매는 10년, 20년을 기다려야 한다. 그래도 우리는 정성을 다해 나무를 심는다. 뿌리에 북을 돋우고 거름을 주고, 가지를 바로잡아 주면서 좋은 결실을 기다린다.

나무를 심다보면 전혀 생각과는 다르게 나무를 잘못 심은 때도 있기 마련이다. 주변 환경이나 땅의 성질을 무시하고 엉뚱한 나무를 잘못 심는 경우다.

그래도 나무는 사람을 원망할 줄 모른다. 비록 잘못 심었더라도 스스로 땅의 성질에 맞추어 간다. 척박한 땅에도 뿌리를 내릴 줄 알고, 싹을 틔우고 잎을 피운다. 곁에 있는 나무와도 조화롭게 어울릴 줄 안다. 가르쳐 주지 아니하고 가지를 바로잡아 주지 아니하여도 제 자리를 잡아간다.

윤회하는 자연의 섭리를 거슬리지 아니한다.

옛날이야기 한 토막.

순진한 선비가 모처럼 나들이를 할 일이 생겼다. 아들의 봇짐에 도시락을 넣어주면서 어머니가 당부를 했다.

때가 되면 정자 좋고, 반석 좋고, 물 좋은 곳에서 점심을 먹어라. 선비가 아무 곳에서 음식을 먹어서는 아니 된다. 잘못하면 채신머리 없는 일이라고 사람들이 흉을 본다. 부디 선비의 체통을 잃지 아니하도록 하라고 거듭 당부했다.

이윽고 점심나절이 되었다. 그러나 선비는 점심을 먹을 수가 없었다. 정자가 좋으면 반석이 시원치 않았고, 물이 맑은 곳에는 정자가 없었다. 정자 좋고, 반석 좋고, 물 좋은 곳을 찾던 순진한 선비는 끝내 점심을 굶을 수밖에 없었다.

세상에 완전한 것이란 없기 마련이다. 하나가 좋으면 다른 하나가 모자라는 게 보통이다. 그래도 우리는 실망할 수 없다. 10년, 20년을 내다보고 나무를 심고, 산을 가꾸듯 나를 가꾸어야 한다. 내일을 위해 더 열심히 살아야 한다.

한곳이 빈 것 같다는 그 느긋함에 점 하나를 찍는 여유로움을 가져야 한다. 더 나아질 것이라는 믿음에 마음을 가다듬어야 한다.

나는 환경에 적응하는 나무를 닮고 싶다.

지나친 욕심과 내 생각에만 얽매이는 아집에서 벗어나야 겠다고 다짐한다. 마음을 비우고 분수에 어긋나지 아니하는 한 그루 나무가 되어야 겠다고 다짐한다.

비 오는 산사에서

비가 내린다. 늦가을, 텅 빈 산사에 비가 내린다.

때 늦은 가을날, 세찬 빗줄기가 제철처럼 내린다. 처마 끝에서 떨어지는 낙수 물 소리가 청아하다. 바람에 실린 빗줄기가 물결에 밀리듯 번져 온다. 보일 듯 말듯 한 바람에 흔들리는 풍경소리가 졸졸거리는 개울물 소리에 묻힌다.

붉게 익어가는 애기단풍의 빨간 이파리 하나가 나비처럼 팔랑이면서 내려앉는다. 낙엽은 개울가의 젖은 바위 위에서 꽃잎으로 핀다. 단풍에 익어가는 나무와 불타는 덤불들은 저마다 울긋불긋한 채색 옷으로 갈아입고 모습을 뽐낸다.

골짜기를 끼고 양쪽으로 뻗은 등성이가 병풍처럼 둘러섰다. 절집은 그 한가운데 작은 도랑을 끼고 품에 안기듯 자리잡고 있었다.

법당 문을 열고 마루 끝에 나와 앉는다. 빗물에 씻긴 바람이 왈칵 얼굴을 감싼다. 숲에서는 비에 젖은 알싸한 나무 냄새가 바람에 실리듯 풍겨온다. 고개를 숙이듯 가지들이 축 처진 채 비 속에 떨고 섰다. 빗물이 이파리마다 구슬처럼 맺혔다가 흘러내린다. 산 밑, 골짜기에서 피어오르는 안개는 앞산 허리를 감듯 능선 따라 천천히, 아주 천천히 피어오른다.

산사로 가는 길은 좁고 가팔랐다. 차 한 대가 겨우 비켜갈 비에 젖은 산길은 보기에도 위태로웠다. 손바닥만 한 다락논들이 길 따라 다닥다닥 붙어 있었고, 산비탈 가장자리에는 키 낮은 감나무들이 줄지어 서 있었다.

늦가을 비 때문에 채 거두지 못한 벼들이 논 가운데 서 있었다. 연기처럼 피어오르는 안개 속에 노란 벼 색깔이 한층 선명하다. 짙은 청록색의 숲을 배경으로 켜켜이 쌓인 다락논과 비에 젖은 노란 벼, 비탈에 선 감나무 가지의 새빨간 감의 어우러진 색색의 조화가 한 폭의 수채화 같다.

가을은 낙엽 따라 오는 것 같다. 짙은 숲 그늘에서 여름의 기억이 채 가시기도 전에 소슬바람이 나무를 타고 오르면 풀숲은 어느 틈에 성글어진다. 잎 넓은 나무들이 서둘러 붉은 연지를 바르고 치장을 하면, 성근 풀숲은 낙엽으로 땅을 감싼다. 숲은 생명을 잉태한 향긋한 냄새로 가득하다.

나는 숲에 가기를 좋아한다. 다른 사람들은 숲보다는 산에 가기를 좋아한다. 고산준령을 정복한 영웅담을 자랑한다. 그러나 나는 그들처럼 산을 좋아할 수 없다. 산을 싫어하기보다 산을 오를 수 없기 때문이다. 어쩌다 따라 나섰다가도 번번이 중간에서 돌아서고 만다. 가슴을 쥐어짜듯 저려오는 통증에 주저앉고 만다. 심장병 때문이다. 그래서 산을 가까이 하지 못한다. 오르지 못할 산을 멀리한 대신에 숲에 가기를 좋아한다. 답답하게 생각이 막혀 앞이 보이지 아니하면 무조건 집을 나서고 본다. 숲은 발길 닿는 곳마다 있었다. 깊은 산 높은 준령이 아니더라도 숲은 곳곳에 있었다.

산에 오르면 높은 하늘과 끝없이 넓은 세상의 호연지기를 키운다. 대신에 숲에서는 촘촘히 자라는 나무의 기지개를 느끼고, 올망졸망한 계곡의 곱살스러운 생명들을 본다.

새싹이 움트는 봄에는 생명의 환희가 있는가 하며, 여름에는 울울창창한 숲의 기개로 활력이 넘친다. 만산홍엽의 가을에는 지난 삶을 되돌아보는 넉넉한 사색의 여유를 가진다. 그리고 겨울에는 따뜻하게 덮어주는 새 생명을 위한 깨우침에 희망을 가지게 한다.

숲의 향기는 나를 들뜨게 한다. 가을 낙엽이 질 무렵의 나무 냄새는 향기로운 꽃보다 짙은 매력이 넘친다. 생명의 신비가 담기듯 차분하게 감싸는 편안함이다. 잊고 살았던 지난날의 일상을 되새겨 보게 한다.

단풍잎에 서릿발이 내리고 하얀 입김에 움츠러드는 가을. 앙상한 가지 사이로 거침없는 찬바람 따라 떨어지는 색색의 이파리에 쌓이는 삶의 향기.

뚝방길 따라 솔밭을 걸어 갈대꽃의 정겨움에 잠겨 볼까. 아니면 가을 사과가 꽃피듯 빨갛게 익는 얼음골의 빛깔을 따라 은빛이 만발한 사자평 억새평원에서 추억을 되새김질해 볼까. 어디로 가든 눈부시고 곱게 빛나는 낙엽 진 길을 밟으면 가을의 정취가 새삼스럽게 다가올 것 같다.

오늘이 그랬다. 불현듯 숲이 보고 싶었다. 숲이 풍기는 진한 향기의 유혹이 그리웠다. 목덜미를 파고드는 비바람을 피하듯 옷깃을 세우며 숲속을 거닐어 보고 싶었다. 늦가을 숲에서 맞는 비바람에서 아련히 흘러간 날들이 그리웠다. 가을걷이가 끝난 텅 빈 들녘, 그 황량한 흔적에서 살아온 날의 모습이 보고 싶었다. 그래서 나선 길이었다.

"내가 보고 싶거든 휘파람을 불어라. 내 또한 너를 잊지 아니하고 휘파람을 불게."

꽃보다 아름다운 인연으로 맺어진 코 흘리던 시절의 친구 말이다. 험한 세상을 살아오면서 까맣게 잊고 있었던 얼굴이었다. 새삼스럽게 떠오르는 친구의 얼굴에 왈칵 눈물이 솟는다. 낙엽 지는 늦가을, 비 오는 산사에서 그리운 친구에게 편지를 쓰고 싶다. 보낼 수가 있고 받아 볼 수가 있다면.

텅 비어 버린듯한 가슴 가득히 메워오는 그리움.

바람 같은 은빛 억새꽃이 길섶에 지면 가슴 시리도록 파고드는 늙은 기억들. 사색의 가을에 도전하는 삶의 변신… 지나친 후회에 갇혀 무엇을 할까. 아니면 무엇을 하지 말아야 할까.

이제 내려 가야 할 시간이다. 결코 절망이 아니다. 희망의 기다림이다.

만남과 헤어짐

가을이다. 들판의 황금빛이 점점 짙어진다.

이제 가을걷이가 시작될 것이다. 여름 내내 가꾸었던 곡식들이 알알이 영글었다. 보기만 하여도 흐뭇하다. 절로 배가 부르다. 이 가을, 풍성한 추수가 끝나면 오랫동안 만나지 못했던 친구를 만난다. 단풍이 곱게 물드는 가을바람 따라 만나자고 약속한 친구다.

친구를 다시 만난 것은 50여 년 만이다. 그동안 까맣게 잊고 살았던 친구였다. 어디에서 어떻게 사는지 모르던 친구의 소식을 알게 된 것은 행운이었다. 아는 분의 도움으로 주소와 전화번호를 알게 되었다.

친구는 전주에 살고 있었다. 처음 전화통화를 하던 그때의 흥분이 지금도 가슴 두근거리게 한다. 무슨 이야기를 어떻게 했었는지 기억조차 나지 아니한다. 반가운 이야기를 한없이 했다는 기억이다. 그리고는 추수가 끝나고, 단풍이 고운 아름다운 날 만나기로 약속했었다.

그 가을이 이제 다가온 것이었다.

추석이 지나는 이 며칠 동안 갑자기 친구의 소식이 궁금했다. 얼굴이 보고 싶고, 목소리라도 듣고 싶었다. 그동안 전화로 소식을 주고받긴 했지마는 갑자기 궁금증에 조바심이 솟았다. 잘 있을 것이라고 범상히 넘겼지만 그것이 아니었다. 겹겹이 밀려오는 불안이었다.

서둘러 전화기를 들었다. 신호가 가는 기계음이 아련히 들려왔다. 한 번, 두 번… 이제 곧 친구의 목소리가 들려 올 것이다. 어떤 목소리일까. 신호가 가는 소리에 따라 가슴이 두근거린다. 그 짧은 시간이 무척 길게 느껴진다. 가벼운 기대와 흥분이 인다.

"여보세요" "…?" 이윽고 응답이 왔다. 그러나 친구의 목소리가 아니었다. 여자의 목소리였다. 나이가 느껴지는 낮은 목소리였다.

"며칠만 일찍이 전화를 했으면 받을 수 있었는데…" 친구를 바꾸어 달라는 말에 상대방이 말끝을 맺지 못한다. "어디 여행을 갔느냐? 언제 쯤 돌아오느냐…" 고 다그치는 말에 전화를 받을 수 없는 먼 곳으로 떠났다는 대답이었다. 침울하고, 가라앉은 슬픔이 배인 목소리였다. 무슨 말인가. 얼핏 말뜻을 알아들을 수 없었다. 며칠 동안 겹겹이 불안으로 다가오던 것이 이것이란 말인가.

친구의 부인을 한 번도 만나거나 말을 나눈 적이 없었다. 그러면서도 직감적으로 친구의 부인이라고 알 수 있었다. 슬픔에 젖은 낮은 목소리, 차분하면서도 나직한 목소리가 오랫동안 친숙했던 사람처럼 느껴졌다.

좋은 친구를 찾게 되었다고 기쁨에 어쩔 줄 몰라 하더란 말, 가을이 오면 단풍여행을 겸해 친구를 만나러 가자고 약속했던 이야기를 들려주었다. 그리고는 며칠 전 갑자기 심장마비로 세상을 등지고 떠났다고 했다. 엊그제가 삼오라고 울먹이었다.

먼 하늘에서 한동안 눈을 돌릴 수가 없었다. 50여 년의 그리움이 몇 번의 전화로써 끝나다니… 어찌 이럴 수가 있을까. 친구의 모습이 구름에 실려 가는듯한 환상에 목이 메었다. 가슴이 저려오는 슬픔이 켜켜이 쌓였다.

50여 년 전, 우리는 부산에 있던 부대에서 같이 근무했다. 나보다는 1년 여 후임으로 군대사회에서는 까마득한 차이가 있었지마는 막연한 친구처럼 사귀었다. 큼직한 몸집으로 귀공자처럼 생긴 얼굴에 지성미가 풍기는 친구였다. 매사에 신중하고 사리가 분명했다. 우리는 급격히 가까워졌다. 경상도와 전라도라는 지역적인 것이 문제된 적이 없었다.

외출 시에는 우리 집까지 함께 왔었다. 영남루에서 시원한 강바람을 쐬였고, 앞동산 숲길에서 많은 이야기를 나누었다. 젊은 꿈과 희망, 그리고 푸른 내일을 나누었다.

내가 제대를 앞두고 결혼을 하게 되었을 때는 선보러 가는 신부 집까지 따라왔었고, 결혼식에도 빠지지 아니한 친구였다.

우리의 친교는 제대 후에도 이어졌다. 그는 고향에서 경찰 간부로 근무하였고 나는 나대로 직장생활을 하고 있었다. 그러다가 소식이 끊겼다. 직장 따라 옮겨 다니다가 어느 날부터 소원해 지기 시작했다. 그것이 끝이었다. 어느 틈에 잊어버리고 있었다.

그렇게 잊어버렸던 친구를 50여 년 만에 다시 찾았다. 그러나 보고 싶던 얼굴을 보지 못하고 따뜻한 손 한 번 잡아보지 못하고 떠나보냈다. 이번에는 영원한 이별이었다. 다시는 만날 수 없는 헤어짐이었다.

나는 이 며칠 사이에 또 한 사람의 친구를 떠나 보내야 했다.

어릴 적 한마을에서 살았던 친구다. 찢어지는 가난에 초등학교도 겨우 마쳤다. 시장판에서 장사꾼들의 잔심부름으로 허기를 때웠다. 신문배달과 날품팔이로 청소년기를 보냈다. 힘든 세상을 천하게 살았지마는 그는 부지런하고 영민했다. 많은 문물을 자기 것으로 만들 줄 알았고, 생활 기반을 다졌다. 자수성가라는 말을 실감할 수 있는 친구였다. 아파트에 고급 자가용을 굴리는 단단한 생활 기반을 다졌다. 아무개 하면 주변에서 제법 알아주는 출세한 친구였다. 그러나 오랜 당뇨로 투병하던 중 어느 날 홀연히 유명을 달리했다. 입원해 있던 병실에서 쓰러져 있는 것을 다음날 아침에야 발견되었다. 그가 가는 마지막을 지켜 본 사람은 아무도 없었다. 험한 세상을 어렵게 헤쳐 온 고달픔을 위로 받고, 편할 수 있는 나이를 넘기지 못했다. 외롭게 험한 세상을 살아온 것처럼 가는 길도 외로웠다.

우리는 사람과 사람의 어울림으로 살아간다. 사람과 사람의 만남을 우리는 인연이라고 말한다. 나와 그들과의 만남은 언젠가는 꼭 이루어질 수밖에 없는 필연의 연에 의해서 마련되어 있는지 모를 일이다. 맺어진 인연은 지금 당장의 오늘에 맺어진 것이 아니다. 아버지의 아버지와 그의 할아버지의 할아버지 또 그의 아버지와 할아버지로 이어지는 멀고도 먼 어느 선조가 맺어진 어떤 인연에서 비롯된 것이 아닐까. 그 조상으로부터 물려 받아 꼭 만날 수밖에 없는 유전자가 내 속에 내재되어 있었기 때문일까.

그러하지 아니하면 어찌 오늘, 이 시간 그와 나의 만남과 헤어짐이 이렇게 가슴 가득히 담겨지는 것일까. 언제 만나고, 언제 떠나고, 또 어떻게 헤어져야 하는 모든 사연들이 정해진 연의 가닥에 따라 다가오고, 떠나가는 것일까.

만일 이웃도 없고 상대할 사람도 없는 나 혼자뿐이라면 이 허허로움에서 벗어날 수 있을까. 하지마는 세상은 절대 혼자만의 세상이란 있을 수 없는 일이다.

문득 그들의 마지막 모습이 어떠했을까 생각한다. 편한 모습이었을까, 아니면 고통스러운 얼굴이었을까. 다행이도 그들은 생각지도 못한 갑작스런 죽음이었으니까 힘들어하는 고통의 모습이 아니었을 것이라 믿고 싶다. 끔찍한 고통을 느끼지 못했을 거라는 생각에 조금은 위안이 된다.

이제 잊어야 할 시간이다. 세상은 만남이 있으면 헤어짐 또한 있기 마련이다. 만남과 헤어짐은 삶의 고리에 맺어진 인연의 끈으로 이어진 것이다. 만남과 헤어짐이란 지극히 자연스러운 일이다. 살아가는 길목에 만남의 기쁨과 즐거움이 있다면 헤어짐의 고통과 슬픔 또한 피할 수 없는 일이 아닌가.

나이를 먹는다는 것은 세상의 이치를 조금은 볼 줄 아는 지혜를 익히는 길이다. 그래서 떠나보내고 잊어버리는 일에도 익숙해지기 마련이다.

문득 확 트인 바다가 보고 싶다. 하늘과 맞닿은 수평선 저쪽, 그 너머 어느 곳에 만남과 헤어짐의 공간이 있을까.

아쉽고 그리운 생각들이 너부러져 무시로 그리워지는 사람들을 그려본다.

빛의 그늘

김 군의 소식은 친구들 모두를 안타깝게 했다. 아들 따라 서울로 간지 벌써 해가 바뀌었다.

항상 빙그레 웃던 너그러움이 그동안 어떻게 변했을까. 건강은 좀 나아 졌을까. 모두가 궁금한 마음이었다.

그는 지금 초기 치매 증세를 앓고 있는 중이었다. 그에 더하여 평생을 함께 하며 곁에서 보살펴 주던 아내마저 저 세상으로 보냈다. 그 김 군이 인사도 없이 고향을 떠난 것이었다. 아쉬움이 겹겹이 쌓이는 사연이었다. 그동안 잘 지내고 있다는 풍문이 그에 대한 소식의 전부였다.

김 군은 친구들 모두에게 특별한 관심의 대상이었다. 동창생 가운데서도 성공한 친구였다. 듬직하고 해맑은 얼굴, 지성적인 눈방울에 인자하면서도 사려 깊은 말솜씨 등 어느 것 하나 나무랄 곳이 없는 친구였다. 중앙부처의 고급 공무원 출신인 그는 전형적인 엘리트 공무원이었다. 옛사람들이 사람을 평가하던 기준인 신언서판身言書判의 기준에 어느 한 점 부족하거나 나무랄 데가 없었다. 친구들이 자랑스럽게 생각하기에 부족함이 없는 친구였다.

정년이 되자 그는 미련 없이 도시 생활을 접고 고향에 정착했다. 아름다운 풍광에 어릴 적 꿈이 있는 고향에서 여유 있는 만년을 즐겼다. 만족한 생활에 흡족해 하였다.

그러나 호사다마라고 했던가.

부족한 것 없이 유유자적하다고 믿었던 그의 생활에 조금씩 틈이 생기기 시작하였다. 부러움의 대상이었던 단란한 모습이 어긋나고, 힘들어하고 있다는 낌새가 보이기 시작한 것이었다.

그는 평소 약속을 중시하고 말 한마디에도 엄격했다. 오랜 공직생활의 자기 관리였다. 그 철저한 생활 습관이 어느 날부터 흐무러지고 있었다. 약속을 어기는 일이 다반사였다. 때로는 자기가 했던 말도 까맣게 잊고 있었다. 심지어는 그런 일 자체를 없던 일이라고 우겼다. 잘못이 밝혀져도 결코 변명하거나 미안해 하지도 아니했다. 별것도 아닌 것을 무슨 수선이냐는 투였다. 전에 없던 일이었다. 자기 일은 모두 옳다는 주장이었다. 당당하고 태연했다.

"치매 약을 먹고 있다." 어쩌다 생각난 듯 남의 말 하듯이 하는 데는 기가 찼다. 전에 없이 달라지는 그의 모습에 모두 아연했다. 가슴 아픈 일이었다.

안타까운 일은 그에 그치지 아니했다. 작년 여름이었다. 청천벽력 같은 소식이 전해졌다. 불편한 그를 곁에서 지켜주던 그의 아내가 갑자기 세상을 떠난 것이었다. 심장경색이라 했다. 불행과 슬픔은 겹치기 마련이라는 말이 실감나는 일이었다.

그러나 상청에서 만난 그는 덤덤한 모습이었다. 도리어 빙그레 웃는 모습이 천연스러웠다. 불행도 도를 넘으면 도리어 무디어진다고 했던가. 위로의 말을 어떻게 할까 하고 망설이고 걱정했던 일이 공연한 고민이었다. '쿵' 하고 가슴이 내려앉는 듯한 충격이었다. 왈칵 울음이 터질 것 같은 허탈한 안타까움을 삼켜야 했다.

아내의 장례를 치른 그는 아들을 따라 떠났다. 다시 도시 생활을 시작한 것이었다. 인사도 소식도 없었다. 그래도 친구들은 그를 잊지 아니했다. 언제나 우리들의 자랑이었다.

오늘도 그랬다. 월례회에 모인 친구들 모두가 그의 소식을 궁금해 하였다. 그러나 누구 한 사람 딱 부러지게 아는 사람이 없었다. 어쩌면 요양원으로 가게 될지도 모른다는 풍문이 있다는 소식이 전부였다. 모두 안타깝고 아연한 소식에 귀를 세웠다.

김 군이 요양원으로 들어가야 하느냐를 두고 금방 논쟁이 벌어졌다.

현대판 고려장이라는 요양원 입원은 불효의 극치다. 결코 용서할 수 없고 보고만 있어서는 아니 된다는 주장에 박수를 쳤다. 그와 반대로 오늘날 도시의 주택구조와 생활환경이 늙은 부모를 직접 모시기가 불가능하다. 잘못하면 생업포기와 가족의 갈등만 남는다는 주장이 서로 맞물렸다. 선불리 단정 지울 수 없는 논쟁이 쉽게 끝나지 아니했다.

돌이켜 보면 우리 세대는 참으로 어렵고 힘든 시대를 살아온 기구한 세대였다.

일제 식민지 교육을 거쳐 무질서와 혼란이 판쳤던 해방정국을 살았다. 또한 6·25 동족상쟁의 남북전쟁, 4.19와 5.16 등 두 차례의 정변 등 어렵고 기막힌 시대를 살아왔었다. 가난을 벗어나기 위한 조국 근대화와 민주화의 과정을 거치면서 혹독한 시련에 지친 심신을 내려놓기 위해 택한 귀향이었다.

그러나 고향, 시골 생활은 그렇게 녹녹하지 아니했다. 기대와는 거리가 멀었었다. 처음에는 맑은 공기, 산뜻한 전원생활에 생기가 넘쳤다. 그러나 그것은 잠시였다. 첫째 말벗이 없었다. 허물없이 놀아 줄 동무가 없다는 사실이 참 슬픈 일이었다. 화투판에 끼이지 못하고, 술판에 장단을 맞출 줄 모르고는 노인정에도 어울릴 수 없었다. 도시 생활에 익숙해진 팽팽한 긴장이 풀린 일상은 곧장 권태로 이어졌다.

아픈 마음을 풀어주고 도와줄 친구가 그리웠다. 그러나 채찍처럼 옥죄어 오는 마음의 벽을 허물어줄 친구는 없었다. 이상 세계와 현실 세계의 틈새가 허무와 스트레스로 벌어지기 시작한 것이었다.

최고가 되어야 살아남을 수 있다는 긴장이 풀어지자 스스로 무너지기 시작했다. 더 경쟁하고, 더 나아가고, 더 나서는 것이 삶의 전부이고 행복이라고 생각했던 그 끝이 아무것도 남는 것이 없는 것 같았다.

마음을 내려놓고, 주변의 변화에 맞출 줄 알아야 살아남을 수 있는 세상이었다. 하지만 지금까지의 우아한 자존심이 주변의 변화에 맞춤처럼 따라가지 못하고 무너지고 있었다. 허망하고 답답한 일이었다.

전원생활은 도시처럼 매일매일 살아 숨 쉬는 것이 보이지 아니했다. 보이지 아니하는 물 밑에서, 변하지 아니하면서도 변하는 자연의 섭리에 익숙하지 아니하면 스스로 허물어 질 수밖에 없는 일이었다.

무너지는 마음에 어떤 보루를 세워야 지탱할 수 있을까. 끝없는 욕심으로 위만 쳐다보는 방황에 발을 헛딛기 시작했다.

차츰 말이 적어졌고, 집중력이 떨어졌다. 시간 감각이 둔해지고, 매일 다니던 길을 낯설어 했다. 어떤 때는 모든 기억을 지우개로 지우듯 싹 사라진다고 하소연했다. 이렇게 끝나고 말 것이냐고 침울하고 불안해 했다.

김 군의 모습에서 우리 세대가 겪었던 그 격랑의 세대를 되돌아본다. 살아남기 위한 길이 무엇인가를 새겨본다. 후회 없이 산다는 것이 무엇인지, 행복한 것이 어떤 것인지 깨달아야겠다. 최고만을 찾는 우월감과 자존감을 내려놓아야 한다.

턱없는 욕심을 버리고 마음을 버려야 한다. 매 순간 후회하는 허망한 삶에서 살아남기 위해서는 진짜 행복한 삶이 무엇인지를 깨닫는 방법을 찾아야겠다. 위만 쳐다보고 더하기만을 하던 생활을 버리고 비우는 법과 내려가는 법을 배우고 익혀야겠다고 다짐한다.

극기克己

“극기라는 말을 잊지 마라. 스스로 자제할 줄 아는 마음을 가져야 한다.”

처음으로 집을 떠나 혼자 살아가야 하는 손자에게 하는 말이다. 올해 고등학교에 입학하면서 학교 기숙사에 들어간단다.

아직도 응석부리는 어린애로 취급해왔다. 강보에 쌓인 아이를 안고 어르고 달래던 일이 그저께 같다. 그 아이가 벌써 중학교를 졸업하고 고등학교에 진학한다. 어느 틈에 훌쩍 키가 컸고, 덩치가 어른 못지 아니하다. 집을 떠나보낸다는 것이 서운하고 아쉽다. 그러나 마음은 대견하다. 흡족한 생각을 지울 수가 없다.

처음으로 아이가 집을 떠난다. 이제부터는 새롭고 낯선 환경에서 혼자 살아가야 한다. 학교도 그렇고, 선생님이나 친구 또한 모두 처음 만나는 새로움이다. 더욱이 기숙사란 전혀 경험해본 적이 없는 곳이다. 그곳에서 낯선 아이들과 한방에서 살아야 한다. 새로움의 충격에서 벗어나 멋진 만남이 되기를 바라는 마음 간절하다.

새롭고 낯선 환경에서 살아야 할 아이에게 들려줄 적당한 말이 얼른 떠오르지 아니한다. 그러다가 생각난 것이 '극기정신'이란 말이었다.

'자기의 욕망이나 충동과 감정 따위를 의지로 눌러 이기는 정신으로 자제하는 힘'이라고 사전에서 적고 있다.

새롭고 낯선 어려움을 견디고 이기기 위해서는 새 환경에 적응해야 한다. 운동선수들이 승리를 다지기 위해 체력과 담력과 끈기를 키우는 극기훈련을 한다. 요즈음은 극기훈련도 유행인 모양이다. '해병대 극기훈련' '청소년 극기훈련' 등등으로 이름을 붙인다. 과정마다 체력과 정신을 극복하는 특색 있는 지옥훈련을 한다.

우리는 누구라도 당당하게 살기를 바란다. 만일 다른 사람으로부터 무시당하거나 배척 당할 때는 엄청난 좌절감을 겪는다. 의기 소침해 한다. 본능적으로 모멸감과 낭패감에서 벗어나기 위해서 기를 쓰고, 신경을 곤두세운다.

우리 마음에는 선과 악이 함께한다. 사람의 본성이 원래 선한 것인가, 아니면 악한 것인가 하는 선악설의 논쟁은 오래전부터 있어 왔었다. 심지어는 종교적으로도 '신이 나를 선택한 것인가, 아니면 내가 신을 선택하였는가'라는 끝없는 논쟁이 이어진다. 긍정과 부정을 동시에 가진 자신 때문에 우리는 갈등을 겪는다. 끝없는 논쟁에 방황한다. 베풀고, 받아드리고, 버리고 비우는 긍정적인 밝은 영혼과 욕심과 질시하는 탐욕으로 어둡고 안타까운 부정적인 마음이 함께한다. 그 어둡고 부정적인 마음을 밝고 적극적인 마음으로 바꾸어야 우리의 삶이 긍정적일 수 있겠다.

미끼에 물린 물고기는 낚시에서 벗어나기 위해 몸부림을 치기 마련이다.

우리는 험담이나 비방의 유혹에 빠진다면 그것에서 벗어나기 위해 안간힘을 쓴다. 모든 사람들로부터 사랑받고 칭찬 받기를 원한다. 그러면서도 나를 비판하는 일은 받아들이기를 거부한다. 남을 칭찬하기에 인색하면서 존경 받기만을 바라는 일이 얼마나 무모한 것인가를 깨닫지 못한다. 받기만을 좋아하는 얄팍한 감정에 상대를 위한 칭찬을 할 줄 모르고 장점을 받아드리지 아니한다.

우리는 오늘, 변화의 시대를 살고 있다고 한다. 시대의 변화를 깨닫지 못하고 과거에만 집착하면 미래를 볼 수 없다.

나만 옳다는 외고집에 상대를 수용하지 아니하면 어떻게 될까. 세상에는 어차피 완전이란 없는 법이다. 그렇다고 자기는 변하지 아니하고 상대방만 완전하기를 바란다면 이루어질 수 있는 일일까.

하루에도 몇 번씩 나를 돌아보고, 반성하고 바뀌어야 한다고 다짐한다. 그러면서도 끝내 실천하지 못하는 안타까움으로 가슴앓이를 한다. 한발 물러서면 세상이 보인다. 그러나 한발 물러서기를 거부한다. 한발 물러서는 것을 패배로 보기 때문이다. 내가 옳다는 외고집에서 벗어나지 못하기 때문이다. 상대를 바로 본다는 말은 바로 나를 안다는 말이다. 부족한 부분을 채워나가는 노력, 그것이 자기개혁이 아닐까.

예쁜 꽃을 보고 아름다움에 흡족해 한다. 그러나 예쁜 꽃을 피우기 위한 줄기와 뿌리가 있다는 당연한 사실을 외면한다. 주변에 너부러져 있는 잡초와 덤불이 있기 때문에 더 꽃이 아름답다는 생각을 하지 아니한다. 땅을 기름지게 하고 흙을 보호하는 잡초를 무시하고 꽃만 칭송하는 일이 옳을까.

남을 비방하고 험담하는 일에 쉽게 유혹 당한다. 그러나 내가 그를 험담하면 그 또한 나를 비방한다는 사실을 잊는다. 내가 그를 칭찬하면 그 또한 가슴을 열고 다가오기 마련이다.

세상의 일이 원한다고 이루어지지 아니한다. 그렇다고 원하지 아니한 일이 이루어지는 우연은 더욱 없다. 집착과 집념은 나아가는 과정이지 결코 목표가 되어서는 아니 될 일이다.

지금까지 생각해 오던 고정관념의 틀을 벗어나야 한다. 인생에는 극단적인 성공도, 실패도 있을 수 없는 일이다. 다만 그렇게 생각할 뿐이다. 나를 비판하고 질시하는 일을 수용할 줄 알아야 한다. 상대를 받아드리는 아량을 보일 때 눈앞이 밝아진다. 남의 이야기를 들을 줄 알면 더욱 성숙해 진다.

기회는 우연히 만들어지지 아니한다. 쓸데없다고 버려졌던 일들도 때가 되면 쓰임이 있는 법이다.

한 번 맺은 인연을 소홀하게 넘겨버려서는 아니 된다. 그 인연에 감사해야 한다. 한 번 감사하면 감사할 일이 생긴다는 평범한 진리를 깨달아야 한다. 살아가노라면 되는 일보다 아니되는 일이 더 많은 법이다. 그 아니 되는 일에 감사할 줄 아는 극기정신을 키워야 한다. 그것은 나를 돌아보고 반성할 수 있는 기회이기 때문이다.

이제 세상에 첫발을 딛고 집을 떠나 홀로 서기에 나서는 아이에게 오늘이 오랫동안 즐거운 추억으로 기억되기를 빈다.

2부 원고지 한 권

하루살이

곧 해가 진다. 노을이 서산마루를 붉게 물들이기 시작했다. 주황빛 노을은 마지막 여운을 남기고 곧 어둠속으로 사라질 것이다. 송곳처럼 내리 꽂히던 햇살도 어느 틈에 누그러졌다. 저녁 바람이 제법 선선하다.

"친구야, 오늘은 그만 놀자. 벌써 해가 지네. 내일 다시 만나 놀자."

한 나절을 동무하여 신나게 놀던 모기가 하루살이에게 작별 인사를 건넸다.

"그래, 잘 놀았다. 잘 가, 친구야…. 그런데 친구야 내일이 뭐야?"

헤어지기가 아쉬운 듯 머뭇거리던 하루살이가 문득 모기에게 물었다. '내일'이 무슨 뜻인지 전혀 모르겠다는 표정이었다.

그랬다. 내일이 없는 하루살이에게는 '내일'이 무슨 뜻인지 알 수 없는 말이었다. 설명한다고 해서 이해할 수 있는 일이 아니었다. 예측할 수 없고 이해할 수 없는 일을 억지로 알게 한다는 일은 어리석은 일이다. 무모하고 헛된 집착일 뿐이다.

올해는 유난히 더웠다. 땡볕이 쏟아지는 나날을 견딘다는 일이 무척이나 힘들었다. 가만히 있어도 쏟아지는 땀 때문에 숨이 막힐 지경이었다.

문득, 더위에 어쩔 줄 몰라 쩔쩔매는 일이 참 한심하다는 생각이 들었다. 모두 견디는 더위에 넋이 빠져 허둥댄다는 것이 기가 찼다. 얼마 전까지만 하여도 이까짓 더위쯤이야 하고 예사롭게 넘겼었다.

그러나 올해는 그게 아니었다. 듣기 좋은 말로 나이 탓이라 했다. 세월의 무게를 생각하지 아니하고 옛날만 되새김해서 될 일이 아니었다. 무모하리만치 고집스럽던 젊은 날의 생각에서 빠져나와야 했다.

마음을 비우고 아집과 집착에서 벗어나야 한다고 다짐했었다. 그러나 잊으려고 애를 쓰는만큼 더 알 수 없는 생각에 빠져들 뿐이었다. 끝내 풀 수 없는 화두에 매여 옴짝달싹하지 못한다.

문득, 몇 년 전 송광사 방장이시던 보성 큰스님께서 하신 법문 한 구절이 생각났다.

"이 세상을 멋지게 보고 잘 살아 보자. 절대 불안하게 보지 마라. 마누라가 끓인 국이 짜면 물 한 컵 더 부어 먹으면 된다."고 했었다. 앞으로 나아가야 할 일을 지난 일에 얽매여 매달리기만 하면 무엇을 할 것인가. 내 주장만 펴다가는 아무것도 못 볼 뿐 아니라 중요한 큰 것을 못 볼 수 있다는 요지였다.

그랬다. 세상에는 절대 잘했다는 것만 있는 것이 아니다. 그 대신 절대 잘못 되었다는 것만 있는 것도 아니다. 그런데도 불구하고, 세상의 모든 일을 나의 습관 속에 맞추어 묶으려고 하면 될 일이 아니다. 우리가 살아가는 길에 삶의 질과 양 모두가 만족할 수 있는 경우란 없는 법이다. 그 어려운 문제를 풀려고 아무리 애를 쓴들 무슨 뾰족한 답이 있겠나.

세상의 일을 어떻게 받아들이느냐 하는지는 오로지 생각 나름이다. 과거와 현재 그리고 미래에 이르기까지 모두 고통스럽고 힘든 고해라고 생각한다면 그 괴로움에서 벗어 날 수 있을까. 그 반대로 기쁨과 감사로 가득하다고 생각하면 얼마나 즐거운 일 일까.

이솝우화에서 나오는「여우와 황새」의 이야기를 우리는 기억한다. 여우와 황새가 서로 상대방의 입장을 배려하지 아니하고 자기의 틀에만 맞추어 겪는 이야기다. 여우는 큰 접시에, 황새는 목이 긴 호리병에 음식을 담아 상대방을 골탕 먹이는 이야기다.

우리의 인생은 상대적이다. 혼자만이 세상을 살아갈 수는 없는 일이다. 세상은 부리는 사람과 부림을 당하는 사람만이 있는 단순한 모습이 아니다.

상대방을 불행하게 해 놓고 나만 행복하게 산다는 일은 망상일 뿐이다. 나만 손해라는 피해의식 또한 얼마나 위험한 생각일까. 상대를 배려하지 아니하는 속 좁은 생각에서 벗어나야 한다. 고정관념에서 벗어나야 한다. 그 틀을 깨면 마음이 얼마나 편할까. 어차피 동전의 앞면과 뒷면 같은 것이 세상살이다. 그래서 세상은 살맛나는 묘미가 있는 것인지 모른다.

내 몸의 주인은 나 자신이라고 한다. 그래서 세상 일을 내 생각에 따라 그 가치가 정해진다고 착각한다. 옳고 그르다는 판단의 기준을 나의 틀에 맞추는 무모한 일을 서슴지 아니한다. 아집과 집착이 판단의 기준을 흐려 놓았다는 것을 깨닫지 못한다. 눈에 보이는 것만이 전부가 아니라는 지극히 평범한 진리를 무시하고 어떤 값진 결론을 얻을 수 있을까. 참 답답하다. 내가 먼저 바뀌어야 한다. 세상을 나의 틀에 맞추는 것이 아니라 내가 세상의 틀에 맞추어야 한다. 생각을 바꾸면 세상이 새롭다.

삶은 짧다. 어디서 왔다가 어떻게, 왜 사라져 가야 하는지를 모른다. 하루살이처럼 아무것도 모르면서 세상만사를 다 아는 것처럼 으스댄다. 모든 것을 손아귀에 쥐고 흔들 수 있다는 착각에 우쭐댄다.

인생은 뿌린만큼 거둔다고 했다. 불행의 씨앗을 뿌려놓고 행복의 열매를 기다리는 일은 지나친 욕심이다. 눈에 보이는 것에만 집착하면 보지 못할 때보다 더 힘들기 마련이다.

있는 사람은 자기 몫을 손해 보지 아니하려고 한다. 그러나 아무것도 가진 것이 없는 사람은 있는 사람을 부러워할지언정 헛된 욕심을 부리지 아니한다. 어차피 잃을 것이 없는 만큼 아쉬움이 없기 때문이다. 그래서 모든 것에 만족한다. 어느 쪽이 마음 편한지는 불을 보듯 뻔하다.

내일을 내다 볼 줄 모르는 하루살이 같은 오늘, 꽁꽁 묶인 무거운 짐을 내려놓듯 마음을 풀어야겠다. 어차피 완벽할 수 없는 삶이다. 만나고 헤어지고 떠남이 세상의 인연이라면 모든 것을 잊고 미련을 버려야겠다.

생각이 막히면 숲으로 간다.

여름의 끝자락 9월, 솔잎 사이로 비집고 온 솔바람이 소매 깃을 파고든다. 먼 하늘가 눈길이 끝나는 곳에 꽃구름 한 덩이가 서산머리를 넘는다. 능선 너머에서 뿜어져 오는 일몰의 노을이 눈부시다. 남천강의 작은 물결에 실린 햇살이 별빛처럼 빛난다.

꽃비처럼 쏟아지는 솔향기 벤 그리운 추억들.

뛰놀던 천내그랑의 모래톱은 물속에 잠긴지 오래고, 용두목 철길을 울리던 기적소리는 바람결에 실려갔다. 분꽃과 맨드라미 곱게 피는 가을들녘에 하늘거리는 개망초 줄기 따라 하늘이 한 뼘쯤 높아졌다.

곱게 비질한 것 같은 청결한 하늘 도화지에 낙엽 지는 소리를 그리고 싶다. 추억을 새기고 싶다.

일몰이 눈부신 노을 길, 내일도 동녘 하늘에는 날갯짓 같은 햇살 가득한 새날이 밝을 것이다.

원고지 한 권

나는 원고지 한 권을 가지고 있습니다.

질 좋은 신문용지에 검은색 선이 그어진 200자 원고지입니다. 겉장은 이미 누렇게 퇴색되었고, 가장자리 색깔도 변해가고 있습니다.

책장 속에 있은지가 이미 30년도 훨씬 더 넘었기 때문입니다. 그래도 그 원고지를 차마 버리지 못하고 그냥 보관하고 있습니다.

모두 현관 앞으로 모여들었다. 이제 작별의 시간이었다. 삼삼오오 짝을 지어 즐거운 이야기에 빠져들고 있었다. 지난 밤 초야제 행사에 있은 유등놀이가 그 중심이었다.

교교한 달빛이 휘황한 남천강변, 군데군데 피운 화톳불이 타오르는 사이로 흥겨운 밀양아리랑의 대합창이 울려퍼진다. 채색 옷을 곱게 차려 입은 처녀들의 마스게임이 경쾌한 리듬에 맞추어 한창 신명을 올리고 있었다.

남천강 건너편, 아동산 기슭에는 강변을 따라 수백 개의 횃불이 모자이크하듯 수를 놓는다. 그 사이 천내그랑의 맑은 물이 곤두박질 치듯 흘러온 가장자리에서부터 유등놀이가 시작되었다.

바가지마다 촛불을 밝혀 흐르는 강물에 띄워 보낸다. 근심과 걱정을 바가지에 싣고, 촛불을 밝혀 흐르는 강물에 띄우고 소원을 빌었다.

화톳불과 횃불, 강물 따라 흐르는 유등들이 교교한 달빛에 넘치듯 출렁인다. 밀양아리랑 대합창단의 경쾌하고 신명나는 노래와 달빛의 어울림, 그건 환상이었다. 두고두고 잊지 못할 추억을 간직하고 이제 떠나야 할 시간이었다.

"최형, 그동안 고마웠소. 또 만납시다."

B형이 불쑥 원고지 한 권을 내밀면서 손을 잡았다. 굵은 검은테 안경 속에서 눈빛이 이글이글 불타고 있었다.

"글 좀 쓰시오. 글 쓴다는 소식 통 못 들었어. 게으름 피우지 말고 글 좀 쓰라고 원고지를 주는 거요."

잡힌 손아귀가 아플 만큼 힘이 실려 있었다. 따뜻한 체온이 정겹게 전해왔다.

그때 받은 원고지가 지금까지 책장 속에 간직되고 있는 것이다.

B형을 처음 만난 것은 63년도 여름이었다. 3년 여의 군대생활을 마치고 돌아온 고향은 전혀 생소했다. 낯익은 얼굴들을 볼 수 없었고, 찾아갈 곳도 마땅치 못했다. 그래서 찾아간 곳이 문화원이었다. 그때만 해도 문화원과 예총지부가 분리되어 있지 아니했다. 문화원 업무가 예총의 일이었고, 예총의 기능이 곧 문화원의 활동분야였다. 같은 사람들이 두 기능을 동시에 수행하고 있었기 때문에 문화예술에 관심이 있는 사람들은 자연스럽게 이곳을 중심으로 활동하고 있

었다. 특별히 약속을 하지 아니하여도 이곳에서 모두 만날 수 있었다.

B형과의 첫 만남도 이곳에서 이루어졌다. 다른 사람의 소개가 없어도 알아볼 수 있었다. 그의 첫 만남은 퍽이나 깊은 인상을 안겨주었다.

큰 물결 같은 웨이브가 진 곱슬머리와 도수 높은 검은테 안경, 번뜩이는 눈매. 선이 굵은 얼굴 윤곽이며 큰 몸집이 한눈에 돋보였다. 더욱이 톤 높은 목소리가 자중을 압도하고 있었다.

그렇지마는 B형과의 만남은 그 이상의 깊이 있는 관계는 이루어지지 아니했다.

그때 이미 B형은 문단에 등단한 시인이었고, 동인지 발간 등 활발한 작품 활동을 하고 있었다. 그에 비해 문학공부를 하네 하고 의욕만 앞세우던 나와는 엄청난 거리감을 부인할 수 없었다. 막걸리 잔을 기울이며, 소리 높여 세상을 비판하는 모습 등은 전혀 생소했다. 술 한 방울도 먹을 줄 모르는 입장에서는 방식과 환경이 전혀 달랐다.

그나마 직장을 가지고 부터는 만날 수 있는 기회가 더욱 멀어졌다. 살아야 한다는 현실의 벽에 갇혀 다른 일에는 신경을 쓸 겨를이 없었다.

얼마 후, B형도 도시로 나갔다. 작은 출판사를 운영한다는 소문이었다. 간혹 얼굴이라도 볼 수 있는 기회마저도 그렇게 단절되었다.

B형에 대한 기억은 점점 희미해져갔다. 그래도 진눈깨비가 후줄그레 내리는 밤, 목노주점의 목판 앞에서 대포 잔을 높이 들고 푸념하듯 울분을 터뜨리던 모습이 지워지지 아니했다. 가스등의 희미한 불빛에 번뜩이던 안경과 톤 높은 목청이 너무 강렬한 인상을 심어 주었

기 때문이었다.

자주 만나지 못 한다는 건 그 만큼 소홀해지기 마련이었다. 점점 기억에서 잊혀져갔다.

그리고 훨씬 뒷날, B형이 유명을 달리 했다는 소식을 들었다. 그것도 지나가는 풍문이었다. 그렇게 B형과의 인연은 끝이 났다.

흔히 아집을 버리라고 했다. 마음을 비운만큼 욕심이 없기 때문이다. 탐욕이 가득한 마음에는 청정함이 없다.

생활인으로 충실하고 부끄럼 없이 살려고 다짐해 왔다. 그러나 벅찬 현실의 고달픔과 삶의 행간에서 문득 텅 빈 듯한 번뇌에 방황할 때가 더 많았다. 그래도 마음의 그릇을 깨끗이 간직하고자 다짐했다.

그때마다 문득 잊고 있었던 것처럼 책을 펴 들거나, 원고지를 꺼내 놓곤 했다.

B형이 주고 간 원고지이다. 처음 만났을 때의 그 강한 인상과 글쓰기를 당부하던 B형의 따뜻함이 배어있는 원고지였다.

그렇지마는 단 한 장의 책도 읽을 수 없었고, 단 한 줄의 글도 쓸 수 없었다.

가슴 속 가득한 욕심, 아집 때문이었다. B형이 주고 간 원고지에만은 최소한 명문장이어야만 하고, 수준 높은 철학이 담겨야한다는 강박감에 전혀 글을 쓸 수 없었다. 많은 씨앗을 뿌려 싹틈이 부실하거나, 가꾸지 못하는 것보다는 적은 씨앗을 뿌려 좋은 열매를 거두어야 되겠다는 욕심은 원고지 한 칸도 매울 수 없게 했다. 김을 메고 솎음질을 통해 좋은 열매를 거둘 수 있다는 평범한 이치를 깨닫지 못하고 있었다. 모든 일에는 원인이 있고, 행동에는 결과가 있게 마련이다.

원인 없이 좋은 글을 쓴다는 건 아예 처음부터 애당초 욕심이었다.

원고지는 단 한자의 글도 쓰지 못하고 도로 집어넣고 말았다. 다음에 더 좋은 틀을 갖춘 멋질 명문장을 쓸 것이라는 다짐이었다.

자갈밭에서 좋은 수석을 보고도 더 좋은 것을 찾아 헤매다 보면 처음 보아두었던 것 마저 잃어버리기 마련이다.

더 높고, 더 크고, 더 위대한 것만 찾는 허황된 꿈을 쫓다보면 작은 행복은 행복인줄 모르는 불행을 벗어날 수 없다.

그 방황의 행간에서 그래도 원고지는 큰 위안이었다. 끝없이 허물어져 가는 낭떠러지에서 좋은 글을 써야겠다는 다짐은 스스로를 지탱하는 계기가 되었다. 게을러지지 말고 정진해야겠다는 스스로의 다짐이었다.

오늘도 원고지를 꺼내본다.

B형과의 아기자기한 사연은 하나도 기억되는 게 없다. 그래도 원고지를 건네주던 따뜻한 체온과 빛나던 눈매는 아직도 생생하다.

이 세상에서 가장 멋진 문장이 쓰여진다 해도 이제는 차마 이 원고지를 쓸 수 없다.

그냥 보고만 있어도 따스한 생기가 넘친다.

여유餘裕

우리는 바쁜 세상을 산다.

하루가 다르게 세상이 변한다고 한다. 어제까지 모아오던 일상의 것들이 오늘 전혀 새로운 모습으로 다가온다. 아침 다르고 저녁 다르다는 말이 낯설지 아니한 오늘이다.

변하는 세상을 살아가기에 마음의 여유가 없다. 혼자 뒤처질지도 모른다는 두려움에 뒤뚱거리는 오리걸음으로 따라 나서지마는 마음만 바쁘다. 아무리 서둘러도 단거리 선수처럼 앞서가는 세월을 따라 잡을 수가 없다.

끝내 따라 잡을 수 없는 세월을 뒤쫓는 아등바등한 조바심은 혼돈으로 몰아간다. 빨리빨리 서두르는 중압감으로 스트레스만 쌓인다.

어제가 오늘 같고, 오늘이 내일 같다는 지난날들의 추억은 기억 저편에만 머문다. 그것은 새로운 날에 함께하지 못하는 날의 권태로움 같은 낭만이다.

이제 이 긴장의 끈을 조금은 느슨하게 풀어보자. 무거운 마음의 짐을 내리고 한가로운 여유에 잠겨 보는 것도 좋은 일이 아닐까.

세상만사를 칼로 무 자르듯 싹둑 잘라야 하는 판단의 강요에서 벗어나야겠다. 어리숙하고 어설프게 살아가는 너그러운 마음으로 편하게 살아가는 지혜를 배워야 할 때가 된 것 같다.

흔히 우리 민족성을 냄비근성이라고 자조한다. 무슨 일이 있으면 불같이 달아올랐다가 금방 식어 버린다. 언제 그런 일이 있었느냐는 투다. 냄비 근성은 전체가 같이하는 획일성을 강요한다. 뜻을 같이 하지 아니하면 이단시하는 못된 생각에서 벗어나지 못한다.

이 확인된 집단에서 벗어나야 한다. 강요된 억압에서 벗어나서 너그럽게 살아가는 여유를 가져야 한다.

우리는 흔히 음식점에서 주문과 동시에 음식을 내 달라고 재촉한다. 맛있는 음식을 먹으려면 좋은 재료를 충분히 익히고 조리해야 한다는 것을 몰라서 하는 이야기가 아니다. 그 사이를 참지 못해서 빨리, 빨리 서두른다. 그래서는 결코 맛있는 음식을 먹을 수 없는 일이다.

우리는 맛있는 음식의 진 맛을 천천히 음미하면서 먹는 여유를 가질 때가 된 것이 아닐까.

모두 느긋한 마음의 여유를 갖자. 산다는 것은 서로 양보하는 마음으로 물이 흐르듯 순리를 따라가는 길이다. 빨리빨리 외치며 먼저 달려가고, 상대를 이겨야 된다는 강박에 서두르고 조급하면 제대로 되는 게 없다. 잘못된 결과를 탓하기보다 미리 차분히 챙겨보는 여유로운 마음을 가져보자.

약속된 시간보다 5분쯤 늦게 나가는 지혜로운 여유를 가져야겠다.

풍류

영남루의 우람한 처마가 날렵하게 허공에 솟았다. 용마루에서 뻗어내린 넘치는 기운이 처마 끝에서 힘을 모아 허공을 차듯 하늘에 가득하다. 그 넘치는 힘이 서까래에 덧씌운 부연이 맞받는다. 가지런한 부연의 완곡하고 부드러운 곡선이 투박한 처마의 단조로움을 아름답게 조화를 이룬다.

땡볕이 쏟아지는 한여름 오후, 남천강을 건너온 강바람이 댓바람을 타고 난간을 넘는다. 등줄기를 타고 내리던 땀방울이 금방 자지러든다.

영남루의 넓은 대청마루에는 신명이 넘치는 장단에 춤마당이 한창이다. 찾아가는 문화지원 사업으로 관광명소에서 벌리는 〈풍류〉 한마당이다. 댓잎 소리에 실려 끊어지듯 이어지는 중후하면서도 애잔함이 넘치는 대금 가락에 어울리는 사설시조 창이 청아하다. 처마를 떠받드는 공포의 빈 공간마다 틈새를 맴도는 가락에는 신명이 넘친다. 탁한듯하면서도 유리그릇처럼 맑은 목소리가 폭발하듯 넘쳐 용마루를 밀어 올리듯 누각 안에 팽팽하다.

가사 〈죽지사〉에 이어 평시조 〈청산리 벽계수〉의 가락이 장엄하게 울려 퍼지다가 금방 폭포수처럼 꺾어 떨어지는 절묘함에 소름이 끼친다. 득음의 경지에서 토하듯 뿜어 넘쳐나는 성량과 대금의 중후하면서도 애잔한 가락의 어울림은 국악의 아름답고 절묘함을 새삼스럽게 깨닫게 한다.

이어지는 마당은 젊은 춤꾼 두 사람이 펼치는 살풀이 춤판이다.

흉살을 피하고 행운을 비는 무당의 살풀이굿에서 비롯한 춤이다. 오랜 세월 전통 속에서 다듬어지고 가꾸어진 민속춤이다. 일명 수건춤이라고도 불리는 살풀이춤은 긴 수건을 던지고, 뿌리고, 떨어뜨렸다가 다시 줍는 동작 하나하나가 단아하다. 긴 수건을 뿌렸다가 다시 줍는 유려한 동작에는 우리 춤의 특징인 정중동靜中動의 비장함이 넘친다. 숨 막히는 긴장에 높고 넓은 대청을 가득 메운 사람들 모두가 숨을 죽인다. 푸른 살기가 서리듯 서늘하던 가슴이 금방 따뜻한 여유로움으로 쓸어내리게 한다.

한 치의 어긋남도 없이 흩어졌다가 다시 추스려 맺고, 또 흩트려 푸는 젊은 춤꾼의 춤사위. 동정동의 섬세하고 정교한 춤사위에는 내면의 가려진 격렬한 움직임 속에서 깊고 깊은 태고의 적막이 흐르는 듯하다.

이어지는 마당은 밀양 이검무二劍舞다.

밀양의 명기 운심雲心이 추었다는 이검무는 조선 후기 실학자인 박제가朴薺家(1850~?)의 〈정유문집〉에 기록되어 있는 검무기劍舞記를 복원한 춤이다. 삼현육각의 반주에 따라 검을 던지는 동작, 몸을 숙여서 추는 동작, 공격과 방어하는 대무 동작과 마지막에 검을 던지고 끝내는 동작의 춤사위다.

이검무의 동작 하나하나는 박제가의 검무기에서 전 과정이 정교하게 기록되어 있다.

> (전략) / 무릇 차고, / 던지고 / 나아가고 / 물러나고 / 위치를 바꾸고 / 스치고 / 찢고 / 빠르고 / 느리게 하는 동작 / 다 음악의 장단에 합치되어 멋을 자아낸다. / (하략)

양손에 쌍칼을 든 두 사람의 박진감 넘치고 역동적으로 펼치는 춤사위는 전투적이면서도 기예적인 밀양이 검무의 특징적인 춤사위다.

칼끝에 서린 광기마저 느껴지는 무모하리만치 짙은 살기가 정신적인 기예와 공력으로 승화된 무예춤이다. 현란한 춤사위에 매료되어 빨려 들어가듯 눈을 떼지 못한다.

20여 년의 세월을 운심의 행적을 찾고, 검무기에 기록된 춤사위를 복원한 춤꾼의 끈덕진 집념, 미치지 아니하고는 이룰 수 없는 광기에 가슴이 서늘해진다. 쏟아지는 박수갈채가 아깝지 아니하다.

이어 펼쳐지는 풍류 마당은 투박한 춤사위가 호방한 남성적 기개로 돋보이는 덧배기 가락의 한량무, 흥을 안으로 삭이고 들어냄을 자재하여 응축된 절제미를 형상화한 홍춤을 비롯하여 동래 한량춤, 입춤, 태평무 등의 화려하고 신명나는 춤판이 이어진다.

신명과 장단과 음률이 한을 풀 듯 풀어내는 춤사위가 어울리는 풍류 한마당이 영남루의 더 넓은 누각 안에 팽팽하게 넘쳐난다.

영남루는 단청이 화려하지 않다. 오색찬란한 원색 대신에 보면 볼수록 푹 빠져버릴 것 같은 분청색의 깊은 색감에 정감이 넘친다. 신비를 품은 청룡 백호와 복을 나타낸다는 현무 주작이 천정 네 귀퉁이의 푸른색 단청 뒤에 숨어서 곧장 뛰쳐나올 것처럼 지켜준다. 동서로 뻗은 대들보에는 큰 용 두 마리가 지키고, 기둥을 받치는 보에는 작은 용 여덟 마리가 남북에서 호위하는 가운데 대청마루에는 신명난 춤판에 흥이 넘친다.

소름 끼치듯 흐느끼는 대금과 황홀한 춤사위가 넘치는 풍류마당, 햇살에 번들거리는 마룻바닥을 치맛자락이 휩쓸면 바람을 가리는 부챗살 뒤에서 긴 옷고름이 나풀거린다.

중요무형문화재를 이수한 젊은 춤꾼들이 벌리는 흥겨운 마당이다. 영남루의 고풍스러운 분위기에 딱 어울린다. 정중동의 우리가락과 춤 품새에 넘치는 열정이 신명을 더 한다. 미래의 춤판을 이끌어 갈 젊은 재원들에게 박수가 끊이지 아니한다.

실안개 걸린 산록을 안고 남천강이 휘감아 도는 용두산과 솔밭에서 솔바람이 은근하다. 속되지 아니하고 운치 있게, 선경에서 노니는 풍류는 풍치를 찾아 멋있게 즐기는 놀음이다.

영남루의 담청색의 중후한 단청이 깊고 은은한 아름다움에 극치를 이룬다. 그에 더한 고운 가락이 숨 가쁘게 치닫다가 꺾어지는 애절한 아름다움에 넘치는 풍류 한마당.

한차례 소나기가 휩쓸고 지나간 자리, 동산 너머에 선명한 일곱 색깔의 무지개가 떴다. 루상에 걸린 현판 〈강성여화江城如畵〉의 절묘한 조화가 새삼 돋보인다.

이름

전혀 생각지 못한 일이었다.

지금까지 불러오던 내 이름으로 나를 내세울 수 없다는 것이 그저 황당스러운 일이었다.

이름은 그 사람 고유의 것이다. 성 밑에 붙여서 그 사람만을 가리켜 부르는 것을 이름이라고 말한다. 그러면서도 이름은 자기가 부르기보다 다른 사람이 나를 불러주는 것이다. 한번 붙어진 이름은 평생을 두고 부른다. 특별한 경우가 아니면 이랬다, 저랬다 필요에 따라 고쳐 부르지 아니하는 것이 보통이다.

그 특별한 경우가 나에게 일어난 것이다. 평생을 불러오던 내 이름으로 나설 수 없다는 사실 벽에 부딪힌 것이다.

한국문협 운영 규정에 따라 선배 회원 가운데 같은 이름이 있을 경우에는 같은 이름으로는 회원이 될 수 없다는 것이다.

그 규정이 나에게 해당된다는 것이다. 참 어처구니없는 일이었다.

그러나 그게 현실이었다. 이번 기회에 멋진 필명을 하나 마련하여 좋은 글을 쓰는 것도 뜻있는 일이 아니겠느냐는 담당 선생님의 위로 삼아 하는 말에 할 말을 잊는다.

사람이 이 세상에 태어나면 먼저 이름부터 지어준다. 이름 속에는 건강과 부귀영화를 염원하는 부모들의 기원이 담겨있기 마련이다.

이름은 부르기 쉽고, 듣기 좋아야 한다는 평범한 이치를 모르지 아니한다. 그래도 부모들은 좋은 이름을 짓기 위해 전전긍긍한다. 성과 이름이 조화를 이루어야 하고, 쓰기 쉽고 아름다워야 하며 별명이나 혐오감이 없어야 한다. 오행과 상생의 철학이 담겨 있어야 한다고 믿기 때문이다. 이름 하나에도 온갖 정성을 다 쏟는다.

저마다 좋은 이름이기를 바라지마는 막상 세상만사가 바라는 것만큼 그렇게 만만하게 이우어지는 것이 아닌 모양이다.

전화번호부를 보면 같은 이름을 가진 사람이 백여 명이 넘는 일이 허다하다. 특별한 이름은 천여 명에 이르는 일도 있다고 한다.

같은 이름인데도 자랑스러운 사람이 있는가 하면 그렇지 못한 경우도 종종 본다. 동명이인이기 때문에 흔히 웃지 못할 일들이 일어난다. 집과 땅의 주인이 헷갈려 다툼이 벌어지고, 재산이 압류를 당하는가 하면 범법자로 몰려 수배를 당하는 경우도 있다.

이름에 얽힌 이야기는 한도 없이 많다. 절로 베시시 웃음을 머금는 즐거운 일이 있는가 하면, 땅을 치는 울분에 숨이 막히는 일도 부지기수다.

이름에 얽힌 이야기는 사람의 수만큼이나 많다.

아호는 우리 선현들이 즐겨 썼다.

옛 선비들은 고유의 자기 이름이 있어도 그에 만족하지 않고 별도로 아호를 지어 부르기도 했다.

아호에는 자기의 고향이나 지역의 특성을 새기기도 하고, 고고한 성정이나 가치관을 담기도 했었다. 때와 계절에 따라 달리 부르거나, 장소와 상대방에 따라 바꾸어 부르기도 했었다. 옛 선비들은 아호 하나에도 멋과 풍류를 새겼다.

아호를 누가 지었느냐에 따라서도 여러 가지 의미를 부여했었다. 옛날 왕으로부터 하사받은 아호는 시호라고 불렀다. 종교계에서는 법명이나 세례명이라 했고, 연예계에서는 예명이라고 불렀으며 문인들은 필명이라 했다.

오늘날 예명이나 필명이 굳어진 경우에는 아예 예명이나 필명으로 개명하는 일도 흔한 일이다.

내가 나가는 모임 가운데 아호만을 부르는 모임이 있다. 매일 새벽, 첫새벽의 상큼한 공기를 마시면서 뒷동산 체육공원에서 기체조를 하는 동우회 모임이다.

모임에서 아호를 부른 것이 처음부터 그러한 것은 아니었다. 다른 여느 모임처럼 전 현직의 직책을 붙여서 불렀었다. 모임이 잦아질수록 부르는 호칭 때문에 불편한 일들이 종종 생겼었다. 특히 공직 생활자의 전직을 붙여서 부르는 호칭에는 공직 생활을 하지 아니한 사람들이 패거리를 나누듯 서먹해 했다. 때로는 같은 공직자 출신끼리도 전직의 직함에 따라 상, 하의 계급으로 가르는듯한 거부감에 떨떠름했었다.

서로 거부감이나 부담 없이 부를 수 있는 방법을 찾자는데 뜻을 모았다. 고심 끝에 나온 결론으로 아호를 부르자는 의견에 모두 박수를 쳤다.

월례회 때마다 한사람씩 자기의 아호를 소개하고, 아호에 담긴 뜻을 설명했다. 그것이 오, 육 년 전의 일이었다. 이제 간혹 상대방의 이름을 깜빡 잊는 일이 있어도 아호를 잊는 일은 없었다. 그만큼 아호 부르기가 자연스러워졌기 때문이다.

내가 호와 인연을 맺게 된 것은 퍽 오래전이었다.

전쟁이 끝난 휴전 직후, 어수선하고 혼돈된 질서에 사회 전체가 방황하던 시절이었다.

뜻 맞는 친구들이 모여 동인회를 만들었다. 좋아하는 문학 이야기에 우정을 키우고, 해학과 웃음으로 푸른 꿈을 가꾸었다. 그 시절 나는 멀만자와 수풀림자 – 만림曼林이라는 필명으로 참여했었다. 그리고 한참 긴 세월이 흘렀다.

언제부턴가 친한 사람들로부터 호를 바꾸는 것이 어떻겠느냐는 이야기를 종종 들었다. 발음이 좋지 아니 할 뿐 아니라 담고 있는 의미도 산뜻하지 못하다는 설명이었다. 처음에는 그저 그러하려니 하고 넘겨 버렸지마는 되풀이해서 들으니 그런가 했다. 그래서 호를 바꾸기로 했다.

이번에는 수풀림에 마을촌 자 – 임촌林村으로 바꾸었다. 숲 마을 이라는 의미에 발음도 순화된 듯한 어감에 스스로 만족했다.

曼林과 林村 – 수풀림 자를 공통점으로 한다.

옛날, 그 시절, 우리 집은 뒷동산 중턱에 있었다. 매일 아침 눈을 뜨면 도시 건너편 마암산 기슭의 밤숲과 눈 맞춤했다. 그리고 상남 평야와 낙동강 너머 어렴풋이 보이는 산 그림자를 보면서 하루를 열었다.

전쟁 후의 처량하고 매말랐던 시절, 기차고 찌든 생활에 때마다 건너다 보는 푸른 숲 – 그곳에는 꿈이 있었다. 풍요롭고 아름다운 세상이 숨겨져 있다고 믿었다.

그 숲에 가보는 것이 소망이었다. 하지만 지금까지도 그 숲에 가보지 아니했다. 이루지 못한 꿈이 무참히 무너질지도 모른다는 두려움 때문이었다. 아직도 푸른 꿈이 숨겨진 채 살아있다는 미련으로 숲에 대한 애착을 버리지 못했기 때문이다.

낡은 세월이 흐른 오늘, 기억 저편으로 가물가물 사라져 가는 꿈의 끄트머리를 가까스로 잡았다. 생활이란 현실에 스스로 접어야 했던 꿈이었다. 못다 이룬 꿈을 이제 새로운 출발점에서 되살려 내려고 한다.

애초에 기록에 남을만한 명문을 쓰겠다는 아둔한 욕심을 부리지 아니하기로 했다.

삶을 제도기로 선을 긋듯 딱 부러지게 살 수는 없는 일이다. 구부러지기도 하고 삐뚤어지기도 하면서 여백에 점 하나를 찍을 줄 아는 어리숙함을 배우고 싶었다.

한가로운 오후, 산자락에 누워 푸른 하늘 흰구름에 나를 실어 보내는 여유로운 마음에 행복을 느낀다면 너무 사치스러운 생각일까.

사람마다 모든 소망이 이루어지는 것은 아니다. 그러나 미완성을 부끄러워하는 마음마저 버릴 수는 없는 일이다.

산다는 것이 원래 실수투성이가 아닌가. 지나친 욕심에 나를 묻어 버리지는 아니해야 한다. 웃다가 울고, 울다가 웃는 사람 냄새 물씬 풍기는 그런 글을 쓰고 싶다.

내가 용서를 받기보다 먼저 용서할 줄 아는 아량으로 보듬어 주는 따스한 글을 남기고 싶다.

사는데 억지를 부리거나 미련으로 연연하지 말자고 다짐한다. 넓고 푸른 하늘은 언제나 나의 염원과는 상관없이 저 넘어 있기 마련이다.

내 삶이 끝나는 그날, 언젠가는 꿈이 있는 그곳 – 숲으로 돌아갈 것이다.

꽃을 가꾸며

봄이다. 새 생명이 움트는 계절이다. 창문을 열면 따사로운 햇살 따라 봄의 향기가 물씬 밀려온다.

봄은 꽃의 계절이다. 겨울 내내 움츠렸던 꽃망울이 봄바람 따라 망울을 터트린다. 잘 보이지 아니하는 작은 들꽃에서부터 화려하고 향기 짙은 꽃들에 이르기까지 종류도 많고 그 수도 엄청나다. 그 많은 꽃들 가운데 어느 꽃이 더 예쁘고, 어떤 꽃이 보기 싫으냐고 하는 것은 어리석은 일이다.

꽃을 좋아하는 마음은 아름다운 마음이다. 흔히 사람들은 꽃을 통해 기쁘거나 슬픈 마음을 나타낸다. 축복할 일이 있거나 위로하고 격려하여야 할 때도 꽃으로 대신한다. 깜직한 꽃 한 송이로 마음을 전할 때도 있지마는 풍성한 꽃다발을 보내기를 좋아한다. 때로는 화분이나 화환으로 대신하기도 한다. 꽃을 사랑하는 사람들은 모두 심성이 고운 사람들이다.

바람이 무척 쌀쌀하다. 봄을 시샘하듯 몇십 년 만에 오는 이상저온 현상이라 한다. 낮게 깔린 구름이 햇살을 가리고, 간간히 눈발이 날린다. 예년 같으면 벌써 곳곳에서 봄꽃 잔치가 열리고 꽃향기가 물씬 풍길법한데 올해는 아직도 꽃소식이 뜸하다. 그래도 계절의 변화는 어김이 없는 것 같다. 나무 심는 때를 맞추어 나무시장이 열리고, 입학과 졸업 철을 맞은 꽃시장에는 화려하고 예쁜 꽃들이 넘쳐난다는 소식이다.

사람들은 꽃을 좋아한다. 간혹 꽃이 보기 싫다는 사람도 있지마는 그것은 아주 특별한 경우다. 길을 가다가도 마음에 드는 꽃을 보면 자기도 모르게 배시시 즐거운 웃음을 웃는다. 향기를 맡으며 흐뭇해 한다.

곱고 아름다운 꽃을 보면 사람들은 가지고 싶어 한다. 그러나 가지고 싶다고 꽃을 함부로 꺾을 수 없는 일이다. 마음대로 꽃을 꺾다가는 자연을 해친다는 눈치받기가 십상이다. 그래서 아름다운 것을 곁에 두고 싶은 욕심을 달래기 위해 꽃꽂이를 한다. 꽃꽂이의 소재가 되는 꽃은 곱고 아름다운 꽃이다. 보기 싫고 볼품없는 꽃을 꽂는 일은 없는 것 같다.

멋있는 꽃꽂이를 보면 꽃을 꽂은 사람의 심성을 짐작할 수 있다. 아름다움을 보는 눈높이를 가름하게 한다. 꽃꽂이에는 꽃을 꽂은 사람의 인품이 살아있다. 그냥 멋대로 꽂은 것 같아도 결코 함부로 꽂는 일은 없다. 깊은 심미안과 조화로움으로 소재 하나하나를 소홀하게 다루지 아니한다. 바르게 꽂힌 꽃은 마음을 따스하게 한다. 차분하게 보듬어 주는 높은 격이 돋보인다. 수준 높은 예술의 경지는 깊은 감동을 준다.

그러나 꽃꽂이에 꽂힌 꽃이 예쁜 꽃일수록 꽃의 수명이 오래가지 아니한다. 2~3일이 고작이고 길어야 4~5일을 넘기는 경우는 드물다. 아무리 잘 보살피고 가꾸어도 꽃꽂이의 꽃은 뿌리 없는 꽃이다. 생명이 오래 갈 수 없는 일이다. 그에 비해 볼품없이 버려진 것 같은 들꽃은 생명이 오래 간다. 보살피고 가꾸지 아니하여도 언제나 싱싱하다. 꽃잎에 윤기가 흐르고 강인한 생명이 숨 쉰다. 화려하지 아니하고 향기가 없어도 뿌리 있는 생명은 언제나 유연하다.

곱고 귀한 꽃을 멋지게 꽂은 꽃꽂이를 만날 수 있는 일은 그리 흔한 일이 아니다. 보통사람들이 전시장을 찾는 기회란 거의 없는 일이다. 그래서 꽃꽂이를 무엇 때문에 하는지 모르는 경우가 태반이고 이해하려 하지도 아니한다. 그 대신에 가치 없다고 버려지거나 볼품없는 들꽃들은 언제 어디서나 볼 수 있고 그것을 즐긴다. 보통 꽃은 생명이 오래가는 뿌리를 가졌기 때문이다.

우리 사는 세상이 꽃꽂이에 꽂힌 꽃처럼 아름다운 세상이었으면 얼마나 좋을까하는 생각에 빠질 때도 있다. 어줍지 아니한 소재 하나라도 함부로 다루지 아니하고, 정성들여 조화롭게 가꾸는 이상향 같은 세상이라면 얼마나 편하고 좋은 세상이 될까. 꿈 같은 생각에 잠겨본다. 당연한 결론이지마는 세상은 우리의 바람처럼 아름다움만 있거나, 행복만이 있는 것이 아닌 것이 현실이다.

나는 어린 시절, 넓은 텃밭이나 화단에 고운 꽃들을 가꾸는 사람들이 그렇게 부러울 수 없었다. 그러나 평생을 살아오면서 꽃 한 송이를 키워보겠다는 욕심을 끝내 채워보지 못했다. 텃밭은 고사하고 풀

한 포기 심을 땅을 가져 본적이 없었기 때문이다. 꽃을 가꾸어 보겠다는 생각은 사치스러운 욕심이었다.

끝내 이룰 수 없는 호사스러운 욕심을 달래기 위해 얼마 전 화분 몇 개를 들여놓았다. 화분은 현관문 출입 계단에 다닥다닥 붙여 놓았다. 단독주택이라고 하지마는 화분 하나 제대로 놓을 공간마저 없는 집이다. 아무리 좋은 꽃을 가꾸고 피워도 여백의 아름다운 조화를 찾아 볼 수 없는 일이다. 그래도 꽃을 가꿀 수 있다는 사실만으로도 신명나는 일이었다.

국화 몇 포기를 심은 화분을 가꾸는 재미에 푹 빠져 있다. 물을 주고, 볕이 잘 드는 양지쪽으로 옮겨가면서 정성을 쏟는다. 국화는 삽목을 튼튼하게 키우고 순치기와 지주목 세우기 등 정성이 많이 드는 꽃이다. 그래야 좋은 꽃을 피운다. 마음을 주고, 보살피고 가꾼 만큼 보답한다. 알뜰하게 가꾸지 아니하면 좋은 꽃을 피우지 아니한다.

꽃을 돌보는 시간만은 잡다한 생각에서 벗어날 수 있었다. 목에 걸린 가시처럼 따라다니는 언짢은 기억을 잊을 수 있었다. 보기 싫고, 하기 싫고, 귀찮고 고달픈 실증을 이겨 낼 수 있었다. 어렵게 살아오면서 지친 일상에서 느껴보는 즐거움이었다. 어줍지 아니한 화분 하나에서 나를 돌아보는 값진 보람이었다.

문득, 이 국화가 이름 없는 들꽃이었다면 이렇게 정성을 쏟을 수 있을까 하고 생각한다. 곱고 아름다운 꽃만을 위한 집념에 들꽃 같은 주변을 잊고 있었던 것은 아닌가 하는 아쉬움이었다.

눈서리 내리는 겨울까지 홀로 고고한 자태를 뽐내는 국화에 대한 유혹은 대단한 집착이었다. 지나친 집념은 소박하고 다소곳한 아름다움을 아름다운 것으로 보지 못하는 옹졸함에 빠져 있는 것은 아닐까.

호사스럽고 값진 꽃이라도 보아 주는 사람이 없으면 아름다움도 빛을 잃는다. 마음만 먹으면 언제나 만날 수 있는 잡초 한 포기보다 무엇이 좋은 것일까. 삭막한 심사를 어루만져주는 까칠까칠한 갈대꽃 한 포기가 더 값지지 아니할까.

미련없이 욕심을 버리고 겸손해야겠다. 조금만 더하는 목마른 갈증 같은 욕심으로 주변을 불편하게 한 적은 없었던가. 눈앞의 욕심에 내일을 보는 마음의 여유를 잃고 사는 것인지 모른다.

화분을 옮기고, 물을 주면서 나를 돌아본다. 깊은 뿌리를 내리고 사는 잡초 같은 주변에 감사하는 마음을 가져야겠다고 다짐한다.

양반 정신

'양반정신을 되살려야 한다.'

모처럼의 모임이었다. 옛 동창생 몇 사람이 우연히 만난 자리였다. 미리 예정되어 있었거나 특별한 목적이 있는 것이 아니었다. 그 우연한 자리에 옛 은사님이 자리를 같이 한 것 또한 우연이었다.

한가로운 시간. 부담 없는 옛날이야기로 웃음꽃을 피웠다. 어지럽고 시끌벅적한 세상 살아가는 이야기로부터 정치판에 이르기까지 이야기는 끝이 없었다.

그러나 이야기가 한참 무르익고 신명이 나야할 자리가 갑자기 시들해지기 시작했다. 의기소침하고 흥미를 잃기 시작한 것이었다.

세상 살기가 점점 어려워지고 정 붙이고 살 신명 날 일이 없다는 자괴감이었다. 더욱이 이제는 아무것도 할 수 없다는 무력한 자신들이 부끄러워졌기 때문이기도 했다.

흔히 우리는 유구한 역사와 찬란하게 빛나는 문화를 가진 자랑스러운 민족이라고 말하기를 좋아한다. 세계 10위권에 속하는 경제대국이라고 자랑한다. 일제 식민시대와 6·25전쟁을 거치는 동안 암울하고 처절했던 비참한 그 시절의 이야기는 우리와는 상관없는 옛 전설일 뿐이라고 치부한다. 그때 그 시절을 되살려 생각하는 자체를 거부하는 세상이다.

그러나 오늘, 우리 사회는 매일 불행하고 참담한 이야기가 판을 친다. 즐겁고 기쁜 일보다 땅을 치고, 슬퍼하고, 뉘우치고 반성해야 할 일이 더 많은 세상이다.

이 험한 세상을 어떻게 하여야 제대로 사람 사는 세상으로 만들 수 있을까. 어려운 숙제를 떠맡은 학생들처럼 머리를 싸매고 골치를 썩였다. 끝내 신통한 해답이 나오지 않았다. 모두들 이야기에 흥미를 잃기 시작했다. 어떻게 하면 혼탁한 세상을 바로 세울 수 있느냐는 거창한 화두를 풀기에는 역부족이었다. 해답이 없는 문제 풀기에 지친 것이었다.

꽉 막힌 생각에 좌절하고 포기했다.

“어지러운 세상을 바로잡는 데는 올바른 양반정신으로 교육시키는 길 밖에 없다.”

그때 불쑥 선생님께서 양반정신을 내세운 것이었다.

어려운 세상, 눈에 보이는 것만 믿고, 보이지 않는 것은 믿지 아니하는 세상의 어리석음을 깨닫게 하는 길은 양반정신을 되살리는 길이라는 것이다. 양반정신을 모든 사람들에게 교육시키는 길이 그 해답이라는 것이었다.

양반정신이라고…? 모두 어안이 벙벙했다.

양반이란 말이 결코 좋은 모양새로 다가오지 아니했다. 양반이라면 조선 오백 년 역사에서 사색당파로 얼룩진 정치문화와 나라를 망친 계층이었다. 매관매직의 탐관오리, 어렵게 살아가는 서민들을 울리는 토호들의 행패, 끝내는 나라를 팔아먹고 식민지로 전락시킨 무리가 양반이 아니던가. 긍정적인 면이라고는 전혀 생각되지 아니했다. 부정적인 면만이 두드러진 것이 양반이었다. 그 양반이 어떻게 혼탁하고 어려운 세상을 바로 잡을 수 있는 주체가 될 수 있다는 것인지 이해할 수 없는 일이었다.

그러나 선생님의 주장은 전혀 달랐다.

오늘날 우리들이 알고 있는 양반에 대한 가치관이 잘못되었다는 것이었다.

지난날, 일제 식민지 시절, 그들의 통치 수단으로 민족정기를 폄훼하는 강요된 교육 탓이라 했다. 민족정신을 말살하려는 그들의 식민사관에 세뇌되었기 때문이었다. 계획적으로 민족문화를 저평가하고 밝고 긍정적인 면보다는 부정적인 면을 부각시켜 민족의 자긍심을 빼앗았다. 은연 중에 식민사관에 물들어 스스로를 자조하고, 그것이 당연한 것으로 살아왔기 때문이라 했다.

하지만 우리의 문화는 결코 혐오스럽다거나 저질스러운 것이 아니었다. 밝고 희망적이고 진취적인 기상이 넘치는 민족이었다.

양반은 조선시대를 이끌어 온 주체였다. 정치에 참여하고 있는 관료와 과거를 통해 관료가 될 수 있는 자격을 가진 계층까지 합한 사림이라 불리던 지도계급이었다. 사대부에 의한 관료제도가 정착된 시대에 유학의 도를 공부하고, 어질고 학식 있는 사람을 선비라고 했다.

지난날, 우리는 잘못된 교육 탓으로 양반은 공허한 명분에만 집착하고 실속 없는 학문, 학리에만 얽매였다고 잘못 평가해 왔었다. 그러나 실용을 중시하는 실학사상을 도입한 계층도 그들이고, 근대 개화사상과 개항을 서두른 세대 또한 그들 양반들이었다.

임진왜란 등 외침과 나라가 위기에 있을 때마다 의병을 일으키고 나라를 지킨 사람들 역시 양반사회의 사대부였다. 한·일 합병으로 국권이 침탈되었을 때는 독립을 위해 목숨을 바쳐 싸운 수많은 독립의사와 열사 또한 그들 양반이 아니던가.

양반은 불의를 참지 못한다. 나라를 위해서는 생명을 초개같이 버리기를 서슴지 아니한다.

그들은 체면과 명분을 중시했다. 체면과 명분에 대한 집념은 그것 때문에 목숨을 버리기를 서슴지 아니하였다. 실익 없이 체면과 명분에 집착하여 목숨까지도 버리는 그들을 폄훼하고 평가절하하는 명분을 제공하였는지 모른다.

인간관계가 중요시 되는 조화로운 사회를 위한 개인의 책임의식이 어느 때 보다도 필요한 시대다. 충의와 효행 그리고 우의와 신의를 바탕으로 하는 밝은 사회를 위한 책임을 다하기 위하여서는 도의정신이 필요한 시대다. 겸손하고 다정다감한 생활 속에서 사람다운 사람의 길을 가기 위하여서는 달리 길이 없다.

선진사회를 세우는 일은 허물어진 도의를 다시 배우는 길이다. 한두 사람의 힘으로써는 될 일이 아니다. 달리 대안이 없다면 묵은 것이라고 서랍 속에 던져두었던 양반정신을 되살려 선비정신을 바로 세우는 길이라고 믿어진다. 사회가 추구하는 이상과 가치, 질서를 바로 세우는 지성인이 실천하는 수호인으로서 규범이 되어야 한다.

정직하고 너그럽고 충실한 마음을 새기는 양반과 선비정신을 충실하게 계승, 발전시켜야 한다.

참으로 오랜만에 퀴퀴하고 눅진한 곰팡이 냄새 같은 가슴 답답했던 생각들이 햇살에 반짝이듯 빛난다.

부처님의 성씨

"나는 부처님에게 물어 보고 싶은 것이 많습니다."

얼마 전, 부처님 오신 날을 기리는 용궁사의 연꽃축제에서의 일이다. 연꽃축제는 초등학교 어린이를 대상으로 글짓기와 그림 그리기를 겨루는 어린이 잔치다.

5월의 더 높은 푸른 하늘과 눈부신 햇살을 받으며 5백여 명의 어린이들이 솜씨를 뽐내었다.

이날, 2학년 어린이가 쓴 글 한편이 단연 화두가 되었다. 모두 박수를 치고 즐거워했다. 자기는 부처님에게 물어보고 싶은 것이 많고, 궁금한 것이 많다고 했다. 그 가운데서 제일 궁금한 것이 부처님의 이름이라고 했다. 자기 생각에는 부처님의 성씨는 '부' 씨이고 이름은 '처님' 인 것 같은데 맞는지 꼭 물어보고 싶다고 했다.

모두 함박 같은 웃음을 활짝 웃었다. 어린이다운 순진한 발상이 너무 신선했다. 절로 탄성이 쏟아졌다. 밝고 맑은 어린이의 꾸밈없는 심성에 유쾌한 웃음이 쏟아졌다.

스님들도 웃었고, 축제에 모인 모든 사람들이 웃었다. 어른들의 욕심과 간섭에 물들지 아니한 순수한 동심에 박수를 칠 수밖에 없었다. 좋은 작품을 고루기 위해 긴장해 있던 심사위원들도 박장대소를 했다. 딱딱했던 분위기가 확 풀렸다.

심사 결과를 발표하는 자리에서도 이 글이 소개되었고, 화제의 중심이었다.

좋은 글은 자기 생각을 그대로 나타낸다. 어린이에게는 어린이다운 생각이 가장 좋은 글이다. 어린이의 백지 같은 순수한 마음을 꾸밈없이 나타내었다면 얼마나 값진 일인가. 한지에 먹물이 번지듯 깊고 깊은 여운이 남는 아름답고 순수한 생각이라면 얼마나 고운 일인가. 간혹 어른들의 지나친 욕심과 간섭에 삐뚤어진 글이 어린이의 풋기 어린 새싹을 뭉갤 때는 참 안타가운 일이다.

초등학교 2학년짜리 어린이가 쓴 글 한 편 때문에 심사발표를 기다리는 딱딱했던 분위기가 한껏 밝아졌다. 상을 받는 어린이도, 상을 받지 못한 어린이도 모두 웃었다. 꽃송이처럼 활짝 핀 축제에 박수를 쳤다. 웃음과 박수 속에 축제를 마무리하면서 문득, 덩어리 하나가 미련처럼 가슴속에 남는 것이 마음에 걸렸다.

우리 모두가 아는 듯 모르는 듯 고정관념의 틀에 갇혀 있다는 생각을 지울 수 없었다.

이름은 보통 세 글자로 되어 있다. 당연히 첫 글자는 성이고 뒤에 두 글자는 이름이다. 간혹 네 글자 다섯 글자의 이름이 있기는 하지마는 그것은 특별한 예외의 경우다. 그것이 관행이었다. 이 관행이란 고정관념에 어린이까지 굳어 있는 것이 아닐까. '부처님' 이라는 세 글자를 성과 이름이라고 단정 지은 것이 아닐까. 상식적인 관행을 벗어나지 못한 것이 아닐까하여 안타까웠다.

석가모니 부처님이 어디에서 와서, 어떻게 득도를 하였고, 어떻게 중생을 제도하였다는 세속적인 의미를 기대한 것은 어차피 아니다. 그러나 '부처님' 세 글자가 성과 이름으로 받아드려졌다는 관행이 영 못마땅했다.

당연한 것이라고 치부하고 지나치기에는 무엇인지 부족하다는 생각을 시울 수 없었다. 어린이는 어린이다운 상상의 나래를 펴야 하는 것이 당연하다.

꽃잎같이 연약하게 피어나는 어린이에게 꽃다운 향기가 넘치는 생각이 왜 없는 것일까.

엉뚱하고 기발하여 바보 같다는 손가락질을 받는 한이 있더라도 어린이다움이 넘쳐야 한다. 꼴같지 아니하다고 핀잔과 구박을 받아도, 어른들의 흉내와 틀에서 벗어나야겠다.

5월은 어린이의 달이다.

어린이다운 순진한 생각의 무대는 무한대로 넓다.

끝없는 저 넓은 세상으로 뻗어가는 푸른 꿈이 펼쳐졌으면 좋겠다.

천내의 꿈

최인식 수필집

3부 그리운 시절

그리운 시절

추억은 아름답다. 지나온 날들이 그립다.

그 옛날, 어릴 적 뛰놀던 뒷동산의 바위는 아직도 옛 모습 그대로이다. 푸른 하늘과 흰 구름도 달라진 것이 없다. 다만 황토밭 비탈에 섰던 다박솔은 훌쩍 키를 넘었다. 향기롭던 아카시아 꽃과 사리꽃은 솔 그림자에 가려 꽃향기를 잃었다. 전쟁놀이하던 동무들의 모습은 찾을 길이 없다.

산과 바위와 하늘이 그대로인데 개구쟁이는 흰 머리칼을 날리며 그날의 바위 위에 섰다. 흘러 가버린 세월이 아쉽고, 세월 따라 가버린 꿈 많던 시절이 그립다.

황토 비탈에 다람쥐처럼 뛰놀던 개구쟁이의 꿈을 되돌릴 수는 없는 일이다. 바람이 불고, 비가 오고, 여름과 겨울이 번갈아 지나가는 향수가 가슴을 저리게 한다. 참을 수 없는 그리운 나날들이 눈사람처럼 커지고 쉽던 꿈 많은 지난날들이 희미한 안개 속을 거닐

듯 되살아온다.

어린 시절 소견머리 막힌 산골 조무래기가 세상 보는 눈을 뜨게 한 것은 어처구니없게도 6.25전쟁이었다. 책과의 만남이 그렇고, 새로운 세상에 대한 꿈을 심어준 것도 그랬다.

낙동강까지 밀린 전선에서 쫓겨온 피난민들의 모습은 생경하고 경이로운 것이었다. 나긋나긋한 서울 말씨에 절제되고 예의바른 행동들은 충격이었다. 비록 전쟁판에 쫓겨 남루한 행색에 경황없는 생활로 우왕좌왕하고 있었으나 그것 때문에 새로운 세상에 대한 호기심을 더욱 자극했다.

가장 호기심을 끈 것은 책이었다. 피난민들이 북적이는 시장통 뒷골목, 난장에 쌓인 책 더미였다. 어느 도서관이나 개인 장서를 꾸려온 듯한 책들이 무더기로 쌓여 있었다. 피난살이에 보탬이라도 하려는 듯 싸구려로 팔리고 있었다. 책값은 따로 없고 주는 대로 받았다. 기껏 학교 교과서 밖에 본적이 없는 소년에게는 엄청난 호기심꺼리였다. 떨쳐버릴 수 없는 유혹에 책더미가 쌓인 난장으로 달려갔다. 퍼질고 앉아서 책을 뒤지기 시작했다. 주인이 눈치를 주거나 구박을 하면 쫓겨갔다가는 다시 찾아가곤 했다. 책을 읽고 또 읽었다. 무슨 책을 어떻게 읽었는지는 생각나지 아니했다. 소설, 만화, 월간잡지와 전집류 등 가지가지였다. 책을 분류하거나 가려 볼 재간도 없었다. 다만 엄청나게 많은 책을 읽고 또 읽었고, 보았다는 기억뿐이다.

책은 미지의 세상에 대한 호기심을 자극했다. 호기심은 더 많은 책을 찾게 하였다. 그래서 찾아간 곳이 U.S.I.S 미국공보원이었다.

영남루 입구에 있던 미국공보원에는 간이도서관이 있었다.

훗날 밀양문화원의 산실이 된 미국공보원은 당시 전쟁으로 불안과 혼란으로 황폐된 민심 수습을 위한 대민 선무활동을 펴고 있었다. 대형 게시판에 매일 그날의 전황을 알리는 상황판을 설치하고, 전쟁화보와 세계의 풍물사진들을 게시했다. 마당에는 대형 야전 텐트를 치고 전쟁뉴스와 문화영화들이 16mm 필름으로 상영되고 있었다. 공보원은 개구쟁이들에게 흥미진진한 놀이터였다. 게시판에 붙은 사진들을 보거나 천막극장에서 영화를 보면 시간 가는 줄 몰랐다. 그 중에서도 간이도서관에서 책과의 만남은 특별했다. 만화를 보고 동화를 읽고 또 뜻도 모르는 두꺼운 책들을 뒤척이는 동안 책에 대한 두려움이 없어졌다. 막연하지마는 책을 이해하는 것 같은 여유가 생겼다. 내일에 대한 꿈을 가지는 계기가 되었다. 토끼 새끼처럼 강중거리다 보면 날이 저물기 일 수였다. 그래도 지칠 줄 몰랐다.

무더운 여름철에는 남천강으로 달려갔다. 남천강은 읍내 사람들의 수영장이자 공동목욕탕이었다. 그 시절, 읍내 중심지에 하나 밖에 없는 공중목욕탕에 비하면 강은 천국이고 별천지였다.

개구쟁이들은 꼬부랑바위에서 멱을 감았다. 공보원에서 영남루 대밭 가장자리를 따라 가파른 바위를 내려서면 바로 꼬부랑바위다. 폭이 10여 미터가 넘고, 길이가 30여 미터가 넘는 큰 바위가 비탈의 대밭 밑에서 뻗어나와 강바닥까지 반석처럼 비스듬하게 깔린 곳을 꼬부랑바위라고 불렀다. 아이들은 이 바위 위에서 해바라기도 하고 물놀이도 하는 놀이터였다. 강은 깊이가 불과 1미터 남짓하고 물 흐름도 거의 없었다. 아이들은 이곳에서 개헤엄도 배우고 개구리헤엄도 익혔다. 또 강 가운데 큰 바위 하나가 섬처럼 떠 있어 물놀이에 지친 아이들이 쉬기에 알맞았다. 덩치 큰 아이들은 강 건너까지 헤엄쳐 건너는 장기를 부렸다.

여름 한철 아이들의 웃음 소리와 물장구 소리가 떠나지 아니했다. 햇볕에 새까맣게 탄 홀랑 벗은 개구쟁이들의 천국이었다. 아이들의 놀이에 안성맞춤이었다.

꼬부랑바위에서 상류 쪽 백여 미터쯤 거슬러 올라간 귀신바위는 어른들의 차지였다. 남천강이 건너편 삼문동 솔밭 앞에서 굽이쳐 쏟아지듯 달려와 아동산 기슭에 부딪히면서 깊은 소沼가 만들어진 곳이다.

귀신바위는 옛날부터 할머니들이 용왕에게 치성을 드리던 곳이었다. 새해 정초나 매월 초승이면 조상들의 명복을 빌고, 집안의 안녕과 자녀들의 성공을 빌던 곳이었다. 동이 트기 전 첫새벽, 큰 바위 밑에 재물을 차려놓고 불을 밝혔다. 깜박이는 촛불에 의지하여 손을 비비면서 한도 없이 절을 하는 할머니들의 모습은 경건했다. 할머니들은 이곳이 용왕이 현신하는 신령한 곳이라고 믿었다. 희부옇게 어둠이 채 가시지 아니한 강가에서 깜박이는 불빛이 멀리서 보면 조금은 무시무시했다. 그래서 귀신바위라고 부르는지 몰랐다.

이곳이 어른들의 물놀이터였다. 집채만 한 큼직한 바위가 듬성듬성한 사이로 보이는 물속은 푸르다 못해 검푸르렀다. 어른 키의 두 길도 넘는 깊이였다. 수영복이 없던 그 시절, 어른들은 건장한 몸매를 통째로 드러내 놓고 멱을 감았다. 그래서 여름철이면 아낙네들은 귀신바위 주변에 얼씬거리지 아니했다. 덩달아 아이들도 가까이 하기를 꺼렸다. 애써 피하고 외면했다. 붉은 노을이 강물에 반사되는 저녁나절이면 어른들은 커다란 바위 위에 서서 건장한 몸매를 자랑했다. 물결에 반사되어 반짝이는 햇살을 받으며 서 있는 모습이 눈에 선하다.

해가 지고 어둠이 내리면 삼문동 쪽 강변에서는 아낙네들이 멱을 감았다. 스름스름 어둠이 내리기 시작하면 아낙네들은 삼삼오오 강변으로 모였다. 강변은 금방 아낙네들의 천지였다. 바닥까지 훤히 들여다보이는 강물은 맑고 차가웠다. 매끄럽고 고운 자갈들이 질펀하게 깔린 강바닥에 물 흐름도 완만했다. 무릎 밖에 차지 아니하는 강물에 몸을 담그면 으스스할 만큼 차고 시원했다. 끼리끼리 짝을 이룬 아낙네들의 낭랑한 웃음소리가 끊이지 아니했다. 멱을 감고, 물장난에 더위는 저만큼 물러갔다. 간혹 청아한 누나들의 노랫소리가 강바람에 실려 오곤 했다.

보름달이 휘영청 밝은 날이면 강변은 그대로 한 폭의 그림이었다. 검은 강바닥에 놓인 흰옷더미와 짙은 그림자의 어울림이 절묘했다. 모자이크로 된 추상화 같았다. 출렁이는 물결에 부서진 달빛은 아낙네들의 몸에서 하얗게 빛났다.

강바람에 넘치는 달빛, 출렁이는 물결에 갈가리 찢어져 뻔적이는 달빛, 흥겹고 낭랑한 웃음소리들…. 겹겹이 쌓인 그 시절의 그리움을 싣고 남천강은 지금도 흐른다.

그 시절, 전쟁의 찬바람에 어렵고 힘든 시절이었다. 헐벗고 굶주림에 꿈도 없고 끼를 펼 수도 없었다. 그러나 내일에 대한 두려움이 없었다. 마음껏 뛰고 놀면 되었다. 용두할미의 보살핌이 있었기 때문이었을까. 지금도 뒷동산 나무들의 이파리 하나하나가 그립고, 남천강의 강자갈 하나에도 추억이 실렸다. 꿈 많던 개구쟁이가 뛰놀던 모든 곳이 그립다.

불안과 좌절이 점철된 세상을 살아오면서도 절망하지 아니한 것은 그날의 그리움이 남아 있기 때문일까. 옹색한 세월보다는 행복했던 어린 시절의 그리움이 있기 때문일까.

가을에 낙엽 지듯 하나하나 떨어져 가는 기억과 인연들, 나무는 새봄에 더 많은 잎과 꽃을 피우기 위해 묵은 잎에 떨어낸다.

찬바람이 부는 골목에 나서면 많은 사람들과 만난다. 새로운 세상과 만난다. 사람들의 따뜻한 정이 있고, 삶의 깊은 의미를 생각하게 한다.

남천강은 오늘도 저 낮은 곳을 향해 흐른다.

살아온 이야기

그것은 엄청난 고통이었다.

핏기 없는 얼굴로 병상에 누워있는 사람을 그냥 보고만 있어야 한다는 것은 정말 한심한 일이었다. 아픔을 대신해 줄 수도 없고, 그렇다고 시원하게 병상을 떨치고 일어서게 할 수도 없는 일이 안타까울 뿐이었다.

입 안이 바짝 마르고 손 안에 흥건히 땀이 고인다. 가만히 있지 못하고 일어섰다가는 다시 주저앉는다.

어쩌면 영영 깨어날 수 없을지도 모른다는 두려움이 엄습해 왔다.

벌떡 자리에서 일어선다. 병상 주위를 서성이듯 맴돈다. 유심히 살피지 아니하면 숨을 쉬고 있다는 것을 느끼지 못할 정도다.

아직도 마취에서 깨어나지 못한 채 정신을 놓고 있기 때문이다. 불현듯 병실을 떨쳐나선다. 무거운 중압감을 견딜 수 없었다. 엘리베이터를 곁에 두고도 쫓기듯 계단을 뛰어내린다. 십 층이 넘는 계단이 전혀 힘들다는 것을 느끼지 못한다. 현관 로비의 붐비는 사람들을 밀치듯 헤집고 밖으로 나선다. 이마에 와 닿는 싸느란 바람이 전혀 차갑다고 느껴지지 아니한다.

멈칫 그 자리에 멈추어 선다. 막상 병실을 떨치고 나왔지마는 마땅히 갈 곳이 없다. 무거운 중압감과 조바심에서 벗어나야 했고, 혼자 있고 싶다는 생각 뿐이었다.

광장廣場 가장자리를 따라 건물 뒤편으로 돌아간다. 사람과 차들로 붐비는 건물 앞쪽과는 달리 뒤편은 텅 비어 있었다.

나즈막한 관목들이 잘 가꾸어 진 화단과 드문드문 놓인 벤치에도 사람들의 모습은 보이지 아니했다. 높은 건물들로 둘러싸인 공간은 하늘마저도 갇혀버린 듯했다.

고개를 떨구듯 무릎 위에 얼싸 안으며 주저앉는다. 막막하리만치 고요한 정적이 무섭게 짓눌려 왔다.

어떻게 할까. 무엇을 해야 될까. 가슴이 후들후들 떨려왔다. 두려움이 겹겹이 쌓인다.

무사해야 한다. 빨리 병상을 떨치고 일어나야 하는데…. 문득 주체할 수 없는 서러움이 몰려왔다. 이를 악물어도 참을 수 없는 오열이 온몸 구석구석까지 번진다.

오늘 소위 맞선이라는 걸 보았다.

23세. 정숙한 모습이었지마는 약간 고집스러움이 보였다. 보통 키, 둥근 얼굴, 듣기 싫지 아니한 음성, 좋은 인상이었다. 약간 통통하나 건강한 모습이다.

짧은 순간에 본 모습이 그렇게 허술하게 보이지 아니했다.
웬만하면 결정하라는 주변의 강권에 응하기로 했다.

– 1959년 3월 21일 일기 중에서

우리는 그렇게 만났다. 그리고 사십 년을 넘게 함께 살아왔다.

부부는 사는 동안 서로 닮는다고 했다. 살다보면 서로 닮아야 할 게 있고, 닮지 말아야 할 것이 있기 마련이다.

그렇지마는 세상살이라는 게 그렇게 생각처럼 되지 아니하는 모양이다. 닮아야 할 것은 닮지 아니하고 닮지 말아야 할 것을 닮는 경우가 훨씬 많은 게 보통이다. 우리가 그랬다.

사람이 일생 동안 건강한 삶을 살 수 있다면 그건 정말 축복 받을 일이다.

살아오는 동안 나는 크게 병원 신세를 진 것이 세 번이나 된다. 그 세 번을 아내가 그대로 이어받은 것이었다.

그 첫 번째가 맹장염 수술이었다. 기껏 1주일 정도면 자리를 떨치고 일어설 수 있어 중한 수술 축에도 들지 못하는 병이었다. 그런데 그게 잘못되었다. 복막염으로 번지는 바람에 한 달여를 병상에서 일어나지 못했다. 그해 여름까지 몸을 추스르기에 안간힘을 쓰는 곤욕을 치렀다.

맹장염의 악몽을 잊을 즈음, 묘한 인연의 끈은 엉뚱한 곳에서 벌어졌다. 아내도 맹장염 수술을 받은 것이었다.

그것은 무더위가 기승을 부리는 한 여름의 끝자락, 노염에 지친 매미도 울음을 그친 오후였다. 아내가 몹시 앓고 있다는 다급한 연락이 왔다. 당시 유행하던 부녀자 교육을 받기 위해 가 있던 부산의 모 연수원에서였다. 집보다 먼저 병원으로 가야 했다. 맹장염이라 했다. 닮지 말아야 할 것을 닮은 인연은 이렇게 시작되었다.

그즈음 나는 심한 협심증을 앓고 있었다.

예고 없이 불쑥 찾아오는 숨 가쁨, 계단을 오르다가도 문득 가슴 깊숙한 곳에서부터 비틀 듯이 저려오는 아픔과 현기증으로 주저앉곤 했었다.

종일 사람을 상대하는 일은 저녁녘이면 파김치처럼 지치게 했다. 퇴근 시간이면 모두들 우르르 대포집으로 몰려나갔다.

막걸리가 철철 넘치는 대포잔을 높이 들고 실없는 농담과 질펀한 욕지거리 속에 하루의 피로를 풀었다. 끈끈한 우정 속에 쌓인 스트레스를 씻었다. 하지만 한 방울의 술도 마시지 못하는 나는 전혀 사정이 달랐다. 허물없이 어울리기가 힘들었다.

식은 찻잔을 마주하고 피우는 담배 연기는 쌓인 피로를 풀어내지 못했다. 가슴속 벽을 허물기에는 너무 벅찼다. 오히려 스트레스가 겹겹이 쌓였다.

그래서 늘어난 게 담배였다. 하루 한 갑이던 담배가 어느덧 두 갑, 세 갑으로 늘어났고, 담배가 늘어난 만큼 혈관 속에는 혈전이 쌓였다. 끝내는 협심증으로 쓰러졌다.

결국 가슴을 열고 관상동맥 우회시술이라는 심장수술을 받아야 했다. 그것도 한 번이 아닌 두 번이었다.

이번에는 아내가 그 심장수술을 이어 받은 것이었다.

말단 월급쟁이의 살림살이는 처음부터 고달팠다. 쥐꼬리 같은 월

급에 매달리는 생활은 말 그대로 살얼음판이었다.

아내는 속절없이 시장판으로 내몰렸다. 살아남아야 했다.

아귀다툼 같은 난장판에서 살아남기 위해서는 뼈저린 고통을 이겨내야 했다. 무거운 짐을 이고 사람들 틈새로 떠밀려 비틀거리고 한여름의 뜨거운 무더위에 찌들어야 했고, 겨울에는 혹독한 추위에 온몸이 꽁꽁 얼었다.

이제 어려운 고비를 넘기고 생활이 좀 편해질려나 했을 때는 온몸의 관절이 마디마다 제대로 가눌 수 없는 고통에 시달려야 했다. 유명하다는 병, 의원은 물론 심지어 침술원이나 약국 등 아니 간 곳이 없었고, 집에는 약이 한없이 쌓이기 시작했다.

그것은 언양의 어느 암자에서 벌어졌다. 아내는 고명하다는 어느 스님에게서 침술 치료를 받고 있었다. 그것이 화근이었다. 가슴에 침을 맞는 순간 정신을 잃었고, 곧 병원으로 실려 갔었다. 창백한 얼굴에 혈압이 계속 떨어지고 온몸이 싸느랗게 식어가고 있었다.

서둘러 대학병원으로 옮겼다. 단층촬영 결과 침이 심장을 찔러 피가 새고 있다는 것이었다. 목숨이 위태로웠다. 지체 없이 가슴을 열고 심장수술을 받아야 했다. 이미 삶을 마감했을지도 모를 생명은 간신히 붙들 수 있었다.

닮아야 할 것은 닮지 아니하고 닮지 말아야 할 것은 닮는다는 것은 참으로 어처구니없는 일이었다.

더욱이 부부간의 일이라니 만감이 교차하는 애증의 깊은 골에서 헤어나지 못한다. 인연의 오묘함은 전혀 짐작할 수 없는 일이다. 전생의 어떤 연緣이 어울려서 오늘에 맺어진 것일까.

억겁의 내세에 맺어질 인연이라는 게 있는 것일까. 인연의 연줄은 어떻게 얽혀 오늘에 이르기까지 연결되어 있는지.

전생과 후생은 아름다운 인연으로 만나는 것일까. 아니면 벗어날 수 없는 굴레에 얽매여 있는 것일까. 즐거움과 괴로움, 환희와 비애, 화사하고 슬픈 인생사가 모두 연의 끈에 얽매여 주어진 숙명으로 살아가야 하는 것일까.

질화로가 그리운 계절, 문풍지를 울리는 삭풍에 달그림자도 흔들린다. 활활 타오르는 아궁이 불에 감자를 묻어두고, 질화로 숯불에 알밤을 구워 먹으며 할머니의 정겨운 옛 이야기에 잠들던 그날이 그립다.

두꺼운 담요를 무릎 위로 다독거려 덮으며 가만히 아내의 손을 잡아본다. 보드랍고 탄력 있던 손들이 윤기를 잃고 축 처진 주름살이 애처롭다.

귀한 보석은 귀한 만큼 간수하기 어렵고 힘들게 얻은 만큼 관리하기에도 힘들다.

상대방을 먼저 행복하게 하지 아니하면 나 또한 끝내 행복해 질 수 없는 일이다.

이제 슬픈 기억과 어두웠던 지난날들을 지워버리고 우아한 노년을 함께 하고 싶다.

옛 생각

전화가 왔다.

매서운 추위가 옷깃을 파고드는 이른 아침이었다. 잔뜩 찌푸린 날씨 탓인지 전화벨 소리가 유난히 크게 울렸다. 불현듯 불안한 생각이 몰려왔다.

이 아침에 전화를 해 올만한 사람이 생각나지 아니한다. 특별히 새벽같이 연락해야 할 만큼 바쁜 일이 있는 것은 더더욱 아니었다. 절로 고개가 갸웃거려진다. 전화기에 선뜻 손이 가지 아니한다.

전화는 동기회 총무의 전화였다. K군이 유명을 달리했다는 연락이었다. 날씨만큼이나 가라앉은 목소리에 깊은 슬픔이 묻어나는 듯했다.

친했던 친구가 세상을 떠났다는데도 이상하리만치 그냥 덤덤하다. 불안하게 울렁거리던 예감이 적중했다는 안도감 같은 것이 일순간 가슴 속을 훑어내린다.

그게 아닌데…. 전화기를 놓고 돌아서는 귓전에 슬픔이 베인 총무의 목소리가 맴돈다. 그제야 K가 세상을 떠났다는 사실이 현실로 다가온다. 믿어지지 아니했다. 그렇게 쉽게 갔을 리가 만무했다.

불과 1주일 전에 우리는 만났었다.

그날도 머리를 곱게 빗고 단정한 모습의 K는 활달했다. 곳곳하게 허리를 펴고 앉아 좌중을 웃기며 이야기를 이끌어 갔다. 전혀 그늘이 없었다. 특별하다면 그날따라 술을 마시지 못하게 되었다고 투정을 부렸다. 다음날 병원에 가야 하기 때문에 술을 못 마신다고 짜증이었다. 모임 날짜를 잘못 정한 탓이라는 원망이었다. 그렇다고 K가 평소 술에 빠져드는 술꾼이 아니었다. 가볍게 두어 잔을 음미하듯 마시며 즐기는 스타일이었다.

그날이 K를 마지막 본 모습이었다.

K는 환하게 웃고 있었다. 국화꽃으로 장식된 영정 속에서 평소처럼 웃으며 내려다보고 있었다.

친구들이 다 모였는데 어디를 가고 오지 않느냐면서 오열하는 미망인의 모습에 위로할 말을 잊는다. 무거운 슬픔이 좌중을 짓누른다.

이른 새벽에 자기 집 대문 앞에서 K가 쓰러져 있었다는 것이었다. 지나가던 행인이 알려주어 급히 병원으로 옮겼을 때는 이미 숨을 거둔 뒤였다.

심장경색이라 했다. 전혀 예상하지 못했던 죽음이었다. 단 한마디 작별의 말도 없었고, 인사도 남기지 아니하고 가버린 것이었다. 미망인은 그것이 못내 안타깝다고 가슴을 쳤다.

그는 심장병 환자였다. 몇 년 전에 관상동맥우회시술을 받았었다.

수술 결과는 좋았고 회복도 빨랐다. 그냥 보아서는 환자라고 알아차릴 수 없었다. 건강한 사람과 똑같은 생활을 하는데 전혀 불편이 없었다.

그와는 동병상련의 사이였다.

나의 소개로 같은 병을 같은 병원에서 같은 집도의에게 수술을 받았다는 은근하고 남다른 동료 의식으로 이어져있었다.

그런 그가 간 것이었다. 가슴 깊숙한 곳에서부터 슬픔이 밀려온다. 어쩌면 어느 날 아침, 내 모습을 미리 보는듯한 충격에 시야가 흐려진다.

얼마 전부터 그는 싱글벙글 웃고 다녔다. 타고 다니던 낡은 스쿠터를 아들이 새것으로 바꾸어 주었다고 자랑이 미어졌었다. 그 스쿠터에 먼지가 앉기도 전에 가버린 것이었다.

그가 유명을 달리했다는 것은 나에게 또 다른 충격이었다. 한 마을에서 서로 어깨를 부비며 같이 자란 친구였다. 함께 뒹굴며 놀던 아이들 가운데 마지막 하나 남은 동무마저 떠난 것이었다.

이제 외톨이가 된 것이다. 막막하리만치 외로운 고독이 몰려온다.

웃고 있는 K의 얼굴 위에 문득 L의 얼굴이 겹친다. 아득히 잊고 있던 얼굴이었다. 그리움에 억장이 무너지듯 가슴속이 쓰라려 온다. 어쩌자고 K가 가는 이 마당에 그와의 추억에 맞닥드러야 하는가. 끝없는 그리움으로 숨이 막힌다.

신당말리는 뒷동산 중턱에 있는 마을이다. 옛날 신당神堂의 위쪽 '만댕이' 에 있는 마을이라서 붙여진 이름이다. 반토굴 같은 움막집들이 다닥다닥 붙은 메마른 동리였다. 반쯤 무너진 토담 너머에는 잡동사니 같은 세간살이가 어지럽게 널부러져 있고 사람의 기척이라고는 없는 텅 빈 마을이었다. 해가 지고 어둠이 스믈스믈 몰려와야 그제 서야 사람의 온기가 느껴지는 그런 마을이었다.

아이들은 학교에서 돌아와도 마땅히 갈 곳이 없었다. 낡은 책보자기를 어깨 위로 둘러메고, 양손에 검정고무신을 벗어 들고는 바로 뒷동산으로 내달렸다. 뒷동산은 신명나는 놀이터였다. 재미나는 전쟁놀이도, 바람이 쌩쌩 부는 겨울날 연날리기도, 대 보름날 달집태우기도 뒷동산에서 어울렸다. 놀이가 시들해지면 아이들은 산마루로 몰려갔다. 그곳에는 집채보다도 큰 바위 서넛이 정담을 나누듯 사이좋게 자리잡고 있었다. 아이들은 다람쥐처럼 바위를 타고 오르내리거나 바위 끝에 말을 타듯 걸터앉아 저 멀리 가로질러 누워 있는 남천강을 굽어보거나 구름이 흐르는 허공을 한없이 쳐다보곤 했다.

굉음을 울리면서 용두목 철교 위를 달리는 기차소리가 들리면 모두 발돋움을 하고 기찻길을 내려다보았다. 남천강과 평리마을을 가로질러 터널 속으로 뻗어있는 기찻길에는 미지의 세계로 가는 꿈이 있었다. 아이들은 머리통이 커질 때까지 그렇게 뒷동산에서 꿈을 키우며 자랐다.

고향을 떠난 것은 L이었다. 대구에서 공직생활을 하던 그는 그곳에 터를 잡고 살았다. 간간히 고향에 들리면 아들이 의사라고 자식자랑에 입을 다물지 못했다. 그러던 그가 어느 날부터 소식이 끊겼다. 해가 바뀌고 낙엽이 짙어지는 어느 날 세상을 떠났다는 소식을 풍문으로 들었다. 그리운 사람의 인연은 그렇게 끝났다.

L이 떠난 다음 K와는 더 깊은 정으로 서로 의지하듯 살아왔었다.

이제 그마저 가버린 것이다.

겨우 무릎에도 차지 아니하던 다박솔이 이제 키를 훌쩍 넘겨 짙어졌다. 집채보다 더 높게 보이던 바위도 나뭇가지 사이로 턱걸이 하듯 고개를 내민다.

바위 위에 올라선다. 저녁나절의 황혼, 겨울 날씨답지 아니하게 불그스레한 노을이 서산마루에 물들기 시작한다.

일자봉과 종남산이 마주선 사이로 남천강이 유유하고 상남평야는 예와 같이 시원하게 트여 있다. 모든 것이 그대로다. 변한 것이 없다. 다만 그 속에 뛰놀던 아이들만이 없다. 흐르는 구름, 외로운 바위에 서서 먼 하늘을 본다. 산 너머로 밀려갔던 추억의 그림 속에 그리움이 솟는다. 떠난 사람을 애타게 그리워하며 매달리고, 머물고 싶은 뒷동산…. 그날의 애틋한 그리움에 더 외롭다. 그러나 외로움만으로 살 수는 없다.

이제 한곳에, 웅덩이에 고이듯 응어리지는 생각들을 툭툭 털어버려야 한다. 지난 세월의 무거웠던 기억, 가벼웠던 추억, 모든 그늘은 훌훌 털어버리고 홀가분한 마음으로 일어서야 한다.

어린 시절, 걸음마같이 기우뚱거리던 추억은 단단한 지주대로 다둑거려 세우고 스스럼없이 나를 내세워야 한다.

세월은 어차피 가는 것이다. 아무리 붙들어도 제 마음대로 흘러간다. 외롭다고, 즐겁다고, 힘들다고 나와 뜻을 맞추어 주지 아니한다. 악을 써도 허우적거리며 애걸해도 그냥 간다.

산 아래 시가지 쪽에서 스피커 소리가 들려온다. 이동슈퍼에서 외치는 삶의 소리다.

향나무처럼

사람은 나이를 먹을수록 노추老醜해 진다고 한다.

집을 나설 때마다 한 무리의 노인들을 만난다. 양지바른 동洞사무소 앞 계단에서 해바라기를 하는 사람들이다. 노인들은 아침부터 내내 여기에서 소일한다.

여름에는 정원수의 그늘을 차지하고, 겨울에는 양지쪽으로 돌아앉는다. 햇볕이 있으면 있어서 좋고, 햇볕이 없어도 그만이다. 꼭 만나야 할 특별한 사연이 있는 것도 아니다. 아는 얼굴들이 서로 마주할 수 있으면 된다. 실없는 이야기에도 함께 웃고, 귀를 세운다. 얼토당토 아니한 말에 얼굴을 붉히고 드잡이를 벌릴 듯 삿대질을 하다가도 언제 그랬느냐는 듯이 금방 헤헤거린다. 점심은 무료 급식소에서 때우고, 지루한 오후가 되면 화투판을 벌리거나 소주잔을 기울인다.

하루에도 몇 차례씩 그 앞을 지나다녀야 하는 입장에서는 그들의 눈살이 여간 거북스러운 일이 아니다. 매번 끈적거리는 시선이 뒷꼭지를 따라오는 것이었다. 지나는 사람마다 밉다거나 곱다거니 입방아를 찧는다. 머리에서 발끝까지 더듬듯 훑어내리는 눈초리에서 벗어날 수 없는 일이었다. 무료한 시간을 보내면서 생각 없이 하는 이야기이지만 당하는 입장에서는 여간 거북살스러운 게 아니다. 그렇다고 해서 못마땅하다고 시비를 벌릴 수는 없는 일이다.

골동품은 나이를 먹을수록 그 가치를 높게 친다. 손때 묻고 오래된 물건일수록 귀하게 여긴다. 도자기나 서화도서는 물론이고 자질구레한 생활용품에 이르기까지 아낌을 받는다. 옛 조상들이 살았던 유서 깊은 집은 문화재로 보호하고, 귀하고 독특한 나무도 천연기념물로 지정하여 보호한다. 하지마는 유독 사람만은 나이를 먹을수록 보호와 존경을 받기는 커녕 점점 밀려난다. 심지어는 자식들에게까지 잊혀져 버림받는 일이 허다하다.

땟국이 흐르는 꾀죄죄한 외투를 둘러쓰고 웅크린 모습이 결코 좋아 보이지는 아니하다. 주름진 얼굴은 햇살에 새까맣게 그을렸고, 눈동자는 희멀겋게 흐려졌다.

노인들은 앉으면 곧잘 나이 자랑에 열을 올린다. 살아오면서 나이에 걸맞게 흔적 하나 남긴 것이 없으면서도 나이 많은 것만이 자랑이고 어른이다. 젊은 사람들로부터 당연히 나이 대접을 받아야 한다고 생각한다. 어쩌다가 소홀한 대접을 받으면 괘씸하다고 열을 올린다. 어른은 몰라보고, 몰상식하다고 몰아친다. 어른 대접을 받기 위해 무엇을 가르치고, 어떻게 베풀었느냐에 대하여는 전혀 상관하지 아니한다.

젊은 사람으로부터 존경을 받기 위해서는 스스로 품위 있는 몸가

짐을 갖추어야 한다. 옷차림 하나에도 신경을 쓰고, 말 한마디에도 소홀하지 아니해야 한다. 바른 예의를 갖추어야 할 일이다. 노욕老慾이 옹고집이고, 독선으로 이어진다는 평범한 이치를 깨달아야 한다.

나는 그 앞을 지날 때마다 아름다운 자태와 향기를 지닌 늙은 향나무를 떠올린다. 우리 인생도 우아한 기품을 지닌 향나무처럼 나이를 먹을수록 멋진 인생을 살 수는 없을까를 생각한다.

영남루 입구, 문화원 앞 광장 한가운데 늙은 향나무 세 그루가 있다. 해방 전 정원수로 심어졌던 나무다. 세월이 변함에 따라 정원이 광장으로 바뀐 오늘까지 용케도 잘려나가지 아니하고 그 자리를 지키고 있는 것이다. 허리 둘레가 족히 한 아름이나 되고 키가 5미터나 되는 거목이다. 적갈색 줄기는 마디마디 뒤틀어져 용트림하듯 기운차게 뻗어 있다. 가지가 잘려나간 옹이 자리마저 무늬를 그린 듯 멋진 기품으로 넘쳐난다. 우산대처럼 사방으로 쭉쭉 뻗어나간 가지마다 푸르름으로 청청하다.

한여름 무더위를 피해 향나무 그늘에 앉으면 남천강 강바람에 금방 땀이 식는다. 은근히 풍기는 향나무 향기와 아름다운 자태에 넋을 잃는다. 사람도 이 향나무처럼 나이를 먹을수록 아름다운 자태와 향기 나는 삶을 살 수는 없을 것일까.

기품 있는 노년을 위해 지금부터라도 마음을 가다듬으려고 한다.

하지마는 노인들은 나이를 먹을수록 게으름과 자기 권태에 빠져 일어서려는 엄두를 내지 아니한다. 형편이 어렵다거나 여유가 없다는 핑계로 노인회 같은 모임은 모른척 한다. 그 흔한 노인대학 같은 데도 나가지 아니한다. 새로운 정보를 배우고, 이웃의 이야기에 귀

기울이려 하지 아니한다.

늦었다고 생각할 때가 가장 빠르다는 말이 있다. 모든 것은 마음먹기에 달렸다. 같은 것을 보고도 좋다는 사람이 있는가 하면 싫어하는 사람도 있기 마련이다. 모든 사람들 생각이 같을 수는 없는 일이다.

나는 매일 잠들기 전에 하루를 되새겨 보는 시간을 가지려 한다. 아주 잠깐, 잠들기 전 5분이면 충분하다. 하루의 잘잘못을 가늠해 본다. 늦었다고 귀찮다고 포기하기 보다는 지금이라도 가슴에 작은 꿈을 심으려 한다. 매일 단 10분 정도라도 책을 읽으려고 노력한다. 세상 돌아가는 흐름에서 밀려나지 아니하려고 애를 쓴다. 생활 주변의 자질구레한 작은 것 하나라도 고쳐 보겠다고 다짐한다. 나이를 먹은 것 밖에는 아무것도 한 것이 없다는 것이 스스로 부끄럽다. 참 오래 살았다는 자괴감으로 잠을 설친다.

살아온 지난날이 자랑스럽지 못했다. 그래도 큰 부끄러운 흔적을 남기지 아니했다는 것이 그나마 다행이다.

오늘도 노인들이 진치고 있는 그 앞을 지나면서 추위에 웅크린 모습을 본다. 그동안 곤혹스럽다고 생각했던 생각을 버리기로 한다. 땟국 절은 얼굴과 너절한 의복에서 그들의 삶을 단정 짓지 아니하기로 한다. 한 가닥 숨은 애잔한 아름다움이라도 찾아내어 그들의 삶에 가치를 두기로 한다.

이파리 하나하나가 살아 승천하듯 하늘을 향해 솟아있는 기품 있는 향나무의 청정한 꿈을 가지기를 빈다.

자녀들에게 부끄럽지 아니하는 당당한 모습을 가지기를 기원한다.

그리운 날

정이 그리운 계절이다.

아침저녁으로 옷깃을 파고드는 바람이 제법 싸느랗다. 절로 목이 움츠려든다. 푸르던 나무들도 때맞추어 채색 옷으로 치장을 한다.

10월 하순이면 이미 가을도 깊은 계절이다. 하지마는 올해 10월은 유난히 덥다. 한낮이면 후덥지근한 늦더위 열기가 식을 줄 모른다. 등줄기를 타고 내리는 땀이 짜증스럽다.

이런 날이면 나는 곧잘 남천강으로 나간다. 다리 난간에 기대서서 깊은 심호흡을 한다. 금방 시원한 바람에 땀이 식는다.

호수처럼 팽팽한 강물이 한눈에 가득하다. 강바닥의 작은 조약돌까지도 훤히 들여다보이는 강물은 푸르다 못해 시리다. 한가로운 뭉게구름 한 덩이가 망망대해 돛단배처럼 물 위로 흐른다.

고즈넉한 저녁나절, 강변은 어느새 노을의 신비로운 색깔에 물든다. 강변에는 잠시 모든 게 멈추어 선 듯한 고요 속에 잠긴다. 깊은 정적으로 아웅다웅하는 삶의 다투는 소리도, 붐비는 자동차 굉음도 들리지 아니한다. 징하고 울리는 이명耳鳴 속에 지난날의 그리운 모습들이 떠오른다.

남천강에 수중보가 만들어진 것이 벌써 10년이 넘는다.

그동안 강변은 몰라보게 변했다.

올망졸망하던 강돌이 뒹굴던 강기슭은 반듯한 시멘트 옹벽으로 고쳐졌다. 들꽃과 넝쿨들이 어울려 엉키던 잡초들은 모두 옹벽 속으로 사라졌다. 용두목에서 댓길까지 이르는 강은 물이 가득한 호수처럼 바뀌었다. 돌멩이를 피해 조잘거리고 흐르던 물소리를 들을 수 없다. 발목에도 차지 아니하던 물길에서 피라미를 쫓던 재미는 벌써 없어졌다.

그래도 넓고 가득한 강물이 있다는 것만으로도 마음이 너그러워진다. 피라미가 파득거리는 재미 대신에 팔뚝보다 큰 잉어와 누치 떼들이 한가로이 몰려다니는 모습에 마음이 넉넉해진다.

도시가 변해가듯 강변 풍경도 하루가 다르게 달라졌다. 하늘 높은 줄 모르고 치솟던 미루나무가 한가롭게 섰던 둑길에는 은행나무와 백일홍이 주인이 되었다. 철쭉과 벚나무가 그 가장자리에서 열병하듯 늘어서 있다. 그 시절, 미루나무 꼭대기에서 춤추듯 나풀거리며 떨어지던 이파리마저 그립다.

입맛에 맞는 먹거리를 찾듯 호젓한 가을 강변을 걸어 본다. 추억처럼 쌓인 노란 은행잎이 발길에 밟힌다.

정겨운 이가 있어 팔짱을 끼고 함께 한다면 더 맛갈진 길이 될까.

호젓한 고궁의 담장 길에 수북이 쌓인 낙엽을 밟던 시절이 떠오른다. 옛이야기를 들으며 오솔길을 지나 계곡과 바위, 그리고 푸른 산을 오르던 지난날이 새롭게 다가온다.

그래도 오늘, 무심한 강물에 모든 시름을 실어보내며 추억을 밟는 이 시간이 더 감미롭다. 햇살에 반짝이는 작은 이파리가 떨어지는 소리에서 속삭이듯 들리는 묵은 이야기와 함께한다. 형형색색으로 채색 옷을 갖추어 입은 아동산의 단풍과 넉넉한 숲 그늘이 강물을 아름답게 물들인다.

일자봉과 추화산이 마주섰고, 용두목과 솔밭이 함께 한다. 산과 능선, 강물이 조화롭게 어울려 짙은 하늘을 배경으로 멋진 풍경이 된다. 조각조각 흐르는 구름 속에서 추억들은 희미한 기억 속에서 새롭다.

열기를 뿜던 햇님이 서산으로 기울면 햇살을 쫓던 석양이 남천강으로 이어진다.

호수처럼 넓은 강폭에 또 다른 새 그림이 그려진다.

둑길 따라 늘어선 낮은 집들의 창을 비집고 나온 붉고 푸른 불빛들이 현란하게 빛난다. 물결이 일렁일 때마다 오색 불꽃처럼 춤춘다. 어스름이 번지는 둑길에 졸고 섰던 가로등이 점점 밝아진다. 보일 듯 말 듯 출렁이는 물결 따라 색색이 어울린 강변에 황홀한 꿈이 펼쳐진다. 형형한 달빛마저 시샘하듯 어울린 남천강에는 신비로움이 가득하다.

남천강 둑길에 서면 언제나 확 트인 하늘과 뭉게구름을 본다. 빛바랜 흑백사진 속의 옛 기억들이 흘러간 옛 노래처럼 밀려온다.

숨 막히는 현실에서 잠시 꿈을 그리는 추억의 샘에 푹 빠져본다.

소망

새해가 밝았다.

붉게 물들었던 동녘 하늘에 금방 해가 솟는다. 어둑어둑하던 하늘에 눈부신 햇살로 가득하다. 새해맞이를 한다고 사람들이 새벽부터 부산하다. 매일 아침마다 해가 뜨지마는 새해 첫날이라고 특별한 의미를 붙인다.

방금 구름을 헤집고 솟아오르는 태양을 향해 가슴에 손을 모우고 고개를 숙인다. 경건하게 눈을 감고 소원을 빈다. 집안이 태평하고 가족들이 편안하고 건강하기를 빈다. 평소에는 신을 부정하고 기도할 줄도 모르는 사람들도 이 순간만은 하나같이 경건하다.

우리는 살아가는 길목에서, 절박한 순간에는 곧잘 신을 찾는다. 힘든 고비 때마다. 신에게 의존한다. 소원성취를 비는 이 순간, 신은 어디에 있는 것일까. 저 높은 하늘에 나의 신은 있을까. 이 첫새벽 나의 소망을 듣고 있을까.

나는 어렵고 힘들 때마다 곧잘 하늘을 본다. 나의 신은 저 하늘 어느 곳에 있는 것일까를 생각한다. 그리고는 신이 정말 있는 것인가 하고 깊은 회의에 빠지곤 한다. 나는 평소 신이 있다고 믿지 아니했다. 그러면서도 때로는 신이 반드시 있다는 애매하면서도 어중간한 생각을 한다. 그래도 절박한 소망을 비는 이 순간만은 나의 가슴속에 분명히 신이 살아 있다고 믿는다.

지난날 나는 엄청난 욕심과 허무맹랑하고 전혀 이루어질 수 없는 허황된 꿈 속을 살아왔다. 손가락 하나 까딱하지 아니하는 게으름을 피우면서도 하루 아침에 신수가 확 바뀌기를 바랬다. 세상을 마음대로 할 수 있는 전지전능한 신의 지혜를 가지려는 꿈을 지녔다. 사지도 아니한 복권이 당첨된 것 같은 환상에 빠졌다. 참 기가 찰 노릇이었다. 어쩌다가 이런 망상에 빠졌을까. 그 허황되고 어처구니없는 망상 속에 살면서도 가슴 한쪽이 늘 허전했다. 살아온 지난날이 언제나 손해만 본 것 같다는 아쉬움이었다. 피해의식이었다.

사람들이 살아가는 길이 모두 같을 수 없는 일이다. 같은 길을 가더라도 사람에 따라 제각각 다르기 마련이다. 지난날 나는 어떤 길을 살아왔고, 또 앞으로 어떤 길을 살아갈까.

맛있는 음식을 제대로 먹으려면 먼저 음식을 담는 그릇부터 깨끗해야 한다. 좋은 음식도 지저분한 그릇에 담으면 제 맛을 낼 수가 없다. 그런데도 그릇을 닦는 데는 소홀하면서 음식 맛만 탓한다. 접시나 냄비 하나를 닦는 데도 힘이 든다. 최소한의 투자를 하여야 한다. 그런데도 사람들은 노력 하나 없이 편하고 좋은 것만 찾는 허황된 어리석음을 태연히 범한다.

그릇의 가치는 무엇을 담느냐에 따라 달라진다. 밥을 담으면 밥그릇이 되고, 죽을 담으면 죽그릇이 된다. 또 개밥을 담으면 개밥그릇이 되어 마당에 뒹굴게 된다. 분에 넘치는 허황된 꿈을 작은 그릇에 담을 수 없는 일이다. 지나친 욕심을 담으려면 그릇은 깨어지기 마련이다. 설사 담을 수 있다 하더라도 그릇의 가치가 높아지거나 빛나지 아니한다.

신언서판身言書判은 중국 당나라에서 인재등용을 위해 쓰던 잣대이다. 그 신언서판을 금과옥조로 삼던 시대를 살아오면서 나는 어느 항목에서도 제대로 대접을 받아보지 못했다.

평균 신장에도 미치지 못하는 작은 키에 눈에 뜨이지 아니하는 평범한 용모는 처음부터 위엄은 고사하고 아무 주목도 받지 못했다. 그에 더하여 어둔하고 재치 없이 더듬거리는 말솜씨는 처음부터 소외될 수밖에 없었다. 또한 책가방 끈이 짧아 좋은 학교에 가 보지를 못한 주제에 내어 걸 간판마저 없으니 끼일 곳이 없었다. 언제나 한쪽으로 밀려나 눈치 살피기에 바빴다. 남의 꽁무니만 쫓아다녔고, 언제 밀려날지 모른다는 초조함으로 안절부절했다.

사람들의 관심에서 밀려나지 아니하려는 조바심으로 늘 긴장했다. 다른 사람이 하나를 헤아릴 때 둘, 셋을 헤아려야 했다. 모자라는 것을 메우고 따라가기 위해 노상 밤을 지새워야 했다. 끝내 그 긴장감과 중압감을 이겨낼 수 없었다. 쌓이는 스트레스를 견디지 못하고 쓰러지고, 두 번이나 관상동맥 우회시술을 받아야 했다. 지금도 심장병의 그늘을 벗어나지 못하고 가슴앓이를 한다.

그래도 나는 오늘까지 용케도 살아남았다. 소외되고 좌절하는 마음을 스스로 채찍질했다. 물러날 수 없다는 오기로 주먹을 쥐었다. 지나온 날들이 잘못되었거나 실망스럽다 하더라도 결코 포기할 수 없는 일이었다. 다시 일어서서 뛰어야 했다. 잘해내겠다는 안간힘으로 오뚜기처럼 일어섰다.

우리 사는 세상이 항상 좋은 날씨만 있을 수 없는 일이다. 만일 비와 구름과 바람이 없이 맑고 청명한 날씨만 계속된다면 지구는 사막이 되고 말 것이다. 반면에 재앙이라고 두려워하는 태풍이 없다면 이 땅에 쌓인 오염과 생태계의 대재앙을 어떻게 씻어 낼 수 있으며 자연을 정화할 수 있겠는가. 우리가 사는 지구는 꽃피는 청명한 날씨와 재앙이라고 두려워하는 태풍 등 모두 오묘한 조화로움으로 가득하다. 그래서 자연의 순리에 따라 살아야 한다.

나는 오늘, 이 조화로운 자연의 섭리를 거슬리지 아니하고 살아가기를 빈다.

아기도 울어야 젖을 준다고 했다. 이 아침 나는 아기가 울듯 가슴속에 쌓인 욕심을 지워버릴 수 있기를 빈다. 나도 할 수 있다는 최소한의 암시를 통해 지난날에 대한 집착에서 벗어날 수 있기를 다짐한다.

원래 내 것은 아무것도 없다. 태어 날 때 빈손으로 온 것처럼 떠날 때도 빈손으로 가야 한다. 내가 가진 모든 것은 신이 나에게 베풀어 준 은혜이다. 신에게서 빌려온 모든 것을 이제 부족하다고 생각하는 욕심에서 되돌려 주어야 할 때가 된 것 같다. 분에 넘치는 욕심을 비우고 감사하는 마음이 채워지기를 빈다.

새해 첫날, 첫새벽에 뜨는 태양을 향해 두 손을 모으고 소원을 빈다.

가슴에 가득한 욕심이라는 집착을 벗어던지고 마음을 비울 수 있기를 빈다. 자연의 섭리를 가로막고 신의 뜻마저 거스르는 아집에서 벗어날 수 있기를 빈다. 분에 넘치는 욕심과 허황된 꿈을 깨고 오늘에 만족할 줄 아는 삶을 살기를 빈다. 가족과 이웃의 고마움을 깨닫고 감사할 줄 아는 신바람 나는 인생을 살고 싶다.

묵은해가 가면 새해가 오는 것은 당연하다. 하나도 신비로울 것이 없다. 매몰찬 겨울이 가면 더 따뜻한 봄이 온다. 매일 반복되는 일상에 젖으면 새로운 것이 없기 마련이다.

정갈한 이 새벽, 밝아 오는 하늘을 보며 찬란한 햇살과 더불어 가슴에 꿈이 심어지기를 빈다.

봄날은 간다

꽃샘추위입니다. 옷깃을 파고드는 찬바람이 한겨울 못지아니합니다. 벗어 두었던 두툼한 겨울옷을 다시 끄집어내어 입어도 어깨가 절로 움츠러듭니다.

꽃샘추위는 반갑지 아니한 손님입니다. 우윳빛 속살을 드러내는 목련꽃이 살며시 고개를 들면 어김없이 찾아옵니다. 어떻게 때를 맞추어 오는지 모를 일입니다. 해마다 한 해도 거르지 아니합니다. 하룻밤 사이에 고운 아가씨 속살 같던 목련의 뽀얀 꽃잎이 갈색으로 변했습니다. 제대로 활짝 피어보지도 못한 채 꽃자루가 까맣게 변하면서 떨어집니다.

심술궂은 손님입니다. 봄이면서 봄 같지 아니하다는 옛말이 있습니다. 연한 새싹이 돋고 꽃이 피는 것을 시샘하듯 몰아치는 추위가 예사롭지 아니합니다. 북쪽, 강원도 산간에는 4월에 눈이 쌓이고, 두꺼운 얼음이 녹아내리던 개울물이 다시 얼었습니다.

그래도 봄은 이미 저만큼 우리 곁에 다가온 것 같습니다. 아침마다 오르는 뒷동산 길목에 늘어선 벚꽃나무 가지 끝에 맺힌 꽃망울이 좁쌀만큼 부풀었습니다.

자연의 섭리는 참 오묘합니다. 꽃샘추위가 아무리 맹위를 떨치어도 어차피 봄은 옵니다.

섬나라 제주에서 유채꽃 노란 봄 편지가 벌써 왔습니다. 양지바른 산기슭에 산수유 꽃이 지천으로 피고, 섬진강 강가에는 매화꽃 꽃잎이 눈송이처럼 내린다는 소식입니다.

이 새벽, 길가 풀숲에 고개를 내민 한 포기 파란 새싹이 눈부시듯 다가옵니다. 돌멩이 하나도 예사롭지 아니합니다. 잊고 있어도 봄이 왔음을 알리는 신호 같습니다. 살아 있다는 환희가 온몸 가득히 넘칩니다.

춥다고 호들갑을 떨며 두꺼운 옷을 찾는 사이에 계절의 변화는 의연하게 찾아 왔습니다. 실안개를 걷어내는 아지랑이를 타고 봄은 꽃향기를 실어다 줍니다. 남천강을 거슬러 온 바람에 실려 오는 봄 냄새가 상큼합니다.

산 중턱에서 내려다보는 시가지의 모습이 한결 따스하게 다가옵니다. 아직 채 깨어나지 아니한 여명에 가로등 불빛이 희미하게 반짝입니다. 춥다는 느낌보다는 훈훈한 느낌입니다. 우수경첩 앞에서 밀려나는 꽃샘추위, 자연의 섭리입니다.

한양 가는 옛길은 동문고개 너머에서 아직도 어둠 속에서 깨어나지 아니하였습니다. 그곳은 어릴 적 개구쟁이가 뛰놀던 놀이터입니다. 옛길의 허리는 완전히 잘려나가 산 능선이 두 동강입니다. 개발이란 이름으로 산 능선을 가로지른 아스팔트 도로 때문입니다.

그래도 다행스러운 일은 구딧골의 옛 모습이 고스란히 남아 있는 것입니다. 화장장 뒤편으로 이어지는 작은 골짜기는 아직도 의연합니다. 구딧골에서 추화산 산록을 따라 대목고개를 넘어가는 옛길은 이제 흔적뿐입니다. 구딧골 골짜기에 들어서면 발목을 휘어잡는 잡풀 속에 벌써 파란 쑥이 지천입니다. 눈여겨보면 냉이도 있고, 달래도 고개를 내밉니다. 밭두렁 언저리나 다박솔 곁에서 푸른 새싹들이 한창입니다. 새록새록 돋아나는 새싹은 모두 나물입니다. 고들빼기와 민들레, 씀바귀, 취나물, 머위, 고사리…. 어느 것 하나 나물 아닌 것이 없습니다. 입맛이 없고 힘이 부치는 봄날에 팔팔 끓는 물에 살짝 데치고, 된장과 참기름에 꼭꼭 주물러 무쳐 먹으면 금방 상큼한 입맛이 돌아옵니다. 보약이 따로 없습니다. 옛 어른들이 봄에 돋아나는 새싹을 나물로 무쳐 먹을 생각을 어떻게 하였는지 궁금합니다. 참 신통하고 대견합니다.

꽃샘추위가 물러나면 봄꽃 축제가 시작됩니다. 남쪽에서 전해온 유채꽃과 산수유의 노란 꽃소식에 개나리가 먼저 인사를 합니다. 뒤를 따라 새싹이 돋아나기 전에 가지마다 꽃망울을 다는 벚꽃나무가 둑길에 꽃 터널을 만듭니다. 경부선 철길 따라 늘어선 마을 동구에는 살구꽃과 복사꽃이 맵시를 뽐냅니다. 산자락 과수원에는 하얀 능금꽃과 배꽃이 분홍색 복숭아꽃과 다툼을 벌립니다.

분홍빛 진달래와 정열이 넘치는 빨간 철쭉이 지천으로 됩니다. 하얀 찔레꽃과 이팝나무와 조팝나무가 어울리면 라일락 향기가 진동을 합니다. 봄은 이제 주체할 수 없습니다.

봄은 약속의 계절입니다. 봄이 오면 깊은 겨울잠에 잠들었던 새싹이 소록소록 잠을 깨고 꽃이 피고, 잎이 핍니다. 그러나 꽃은 제 마음대로 피지 아니합니다. 작은 꽃망울 속에는 저마다 예쁜 색깔과 모양과 향기를 지니고 있습니다. 같은 꽃은 자기들끼리 때를 맞추어 핍니다. 먼저 피는 꽃과 나중에 피는 꽃이 순서를 바꾸는 일이 없습니다. 개나리는 개나리대로, 벚꽃은 벚꽃대로 때를 맞춥니다. 같은 종류의 꽃들이 때를 맞추어 순서대로 피는 모습을 보면 참 신기합니다. 사람의 좁은 소견으로는 자연의 그 섭리를 깨칠 수 없는 일입니다. 꽃뿐이 아닙니나. 나무 또한 같습니다. 요즈음은 목적에 따라 나무의 종류와 장소에 맞추어 나무를 심습니다. 그러나 종전에는 그런 깊고 먼 날을 내다보면서 나무를 심는 일이 드물었습니다. 많이만 심으면 좋은 것으로 생각했습니다. 심으면 된다는 욕심은 나무들끼리의 생존경쟁을 일으키게 하였습니다. 나무들은 자기들끼리 제자리를 찾아갑니다. 곁에 있는 나무를 위해 자리를 내주고 어울릴 줄 압니다.

햇볕을 좋아하는 나무는 키가 큽니다. 그늘을 좋아하는 나무와 줄기는 자기들끼리 자리를 만듭니다. 서로 침범하지 아니합니다. 햇볕을 좋아하는 소나무 아래에서는 다른 나무들이 잘 자라지 못합니다. 그러나 소나무 그늘에서 어렵게 자리잡은 참나무가 싹을 틔우면 소나무는 참나무에게 밀려 납니다. 소나무와 참나무와 잡목들이 자리잡은 곳이 서로 나누어집니다.

자연의 조화로움은 풀 한 포기 꽃 한 송이까지 신비로움 아닌 것이 없습니다. 때가 되면 스스로 필 때와 질 때를 아는 자연의 질서 앞에 사람의 모습이 참 딱하다고 생각될 때가 있습니다. 나의 말만하고 상대방의 이야기를 들을 줄 모르는 일방통행에 숨이 막힙니다. 무엇을 주장한 것보다 무엇을 들었는가를 끝내 이해하려고 하지 아니합니다.

성질 급한 벚꽃나무가 잎이 피기도 전에 꽃을 활짝 터트리더니 바로 꽃비를 쏟으면서 꽃이 집니다. 꽃샘추위에 밀려 더디게 오는듯한 봄이 금방 초여름을 향해 갈 길을 서둡니다.

춥고 움츠렸던 겨울을 이겨내고 활짝 가슴을 폅니다.

아름다운 꽃을 피우는 풀 한포기의 끈덕진 생명력과 자연의 질서를 지키는 그들의 약속 앞에 나를 돌아봅니다.

봄날이 가기 전에 꽃들을 만나는 즐거움에 행복합니다. 있는 그대로 받아 드리며 만족하려고 합니다.

이제 봄날이 갑니다. 문득 시인들이 애창가요 1위로 뽑았다는 '봄날은 간다.' 라는 가요가 생각납니다. 60년대 전쟁으로 황폐화되고 삶이 고달파 실의에 빠진 어려운 시절 용기를 북돋아준 희망의 노래입니다. 연분홍 치마의 상징적인 희망에 성황당 돌담길에 서서 같이 웃고, 같이 울며 서로를 달래던 노래입니다. 손로원 작시, 박시춘 작곡의 명곡입니다.

아쉬운 봄날의 짧은 미련입니다. 찔레꽃 곱게 피는 비탈에 서서 '봄날은 간다.' 라는 노래를 불러보고 싶은 때입니다.

> 연분홍 치마가 봄바람에 휘 날리더라 / 오늘도 옷고름 씹어 가며 / 산 재비 넘나드는 성황당 길에 / 꽃이 피면 같이 웃고, 꽃이 지면 같이 울던 / 알뜰한 그 맹세에 봄날은 간다.

향수

첫새벽의 햇살이 눈부시다. 어둠이 채 가시지 아니한 여명을 뚫고 햇살이 쏟아지듯 동산 너머에서 빛난다.

햇살은 처마 끝에 늘어진 거미줄에 방울처럼 맺힌 작은 이슬방울에서 영롱하다. 새벽이슬에 함초롬히 젖어 있는 초가지붕의 노란 이엉이 햇빛을 받아 주황색으로 빛난다. 낫으로 고르게 자른 처마 끝, 볏짚 밑둥치의 송송 뚫린 구멍이 모자이크 그림 같다.

깨끗하게 빗질한 마당가에는 나지막한 담장에 기댄 장독대에서 햇살이 반사되어 반짝반짝 빛을 낸다. 새로 이은 용마름을 쓴 담장에 기댄 검붉은 장독 색깔이 묘한 조화를 이룬다. 반쯤 입을 벌린 입술 사이로 하얀 이빨을 보이는 빨간 석류 알의 유혹이 장독대 곁에 섰다.

상큼한 첫새벽의 맑은 공기, 새 이엉을 덮은 노란 초가지붕과 담장, 거미줄에 걸린 이슬에 젖은 햇살, 낮은 지붕에 기댄 장독대와 하얀 석류 알갱이의 붉은 입술, 한 폭의 풍경화 같다. 그림 같은 황홀한 풍경에 얼이 빠진다. 곱게 단장한 새아씨의 아미 같다. 정성 들여 빗질한 머리를 단정하게 빗어 묶어 올린 새아씨의 반짝이는 눈동자를 마주한 듯 눈을 돌릴 수 없는 유혹이다.

옛날 어린 시절, 작은 소망 하나를 지니고 살았었다. 내 집을 가지고 싶다는 꿈이었다. 고대광실 높은 집을 욕심낸 것이 아니었다. 웅장하게 잘 가꾸어진 집을 바란 것도 아니었다. 방이 두서너 개인 조그마한 초가집인 소박한 꿈이었다. 방 하나는 내 마음대로 쓸 수 있는 책방이 소망이었다. 마루에 나와 앉으면 앞이 탁 터인 전망 좋은 남향집이었으면 했다. 욕심은 그뿐이 아니었다. 작은 채전밭이 딸렸으면 안성맞춤이라는 생각이었다.

집에 대한 욕심은 유별난 집착이었다. 철이 들면서 더했다.

한 칸 남짓한 셋집 단칸방에서 태어났다. 철이 드는 다섯 살까지 살았었다. 그리고 옮겨간 곳이 산비탈에 기대선 반 움막집이었다. 단속을 피해 하룻밤 사이에 급조한 집이라 했다. 방 2개에 부엌이 달린 겨우 비를 가린 집이었다. 방문을 열면 이마가 닿을 것 같은 낮은 담장에 숨이 막혔다, 그나마 다행인 것은 작은 툇마루가 있는 것이었다. 마루에 앉으면 확 트인 전망이 속을 시원하게 해주었다. 그것이 전부였다. 그래도 이 작은 집이 우리 집이였다. 여기서 평생을 살았다. 그래서 집다운 집에서 살고 쉽다는 것이 평생의 화두였다.

다른 집들은 널찍한 마루가 있고, 마당이 있고, 채전밭이 딸린 집이었다. 그 어느 것 하나 제대로 가지지 못했다는 부러움에 언제나 기가 죽었다. 집 같은 집에 살지 못한다는 안타까움은 답답한 가슴에 웅어리가 되었다. 평생소원이었다.

지난 시절, 참으로 어렵고 힘든 시절이었다. 모든 것이 부족했다. 있는 것 보다 없는 것이 더 많았다. 그 시절을 살면서 풍요롭게 사는 이웃 사람들이 너무 부러웠다. 큰 집에 반들거리는 마루, 널찍한 마당에 잘 가꾸어진 채전밭 어느 것 하나 부럽지 아니한 것이 없었다.

꼭 크고 넉넉한 집에서 여유롭게 살아야겠다고 다짐했었다.

초가집은 해마다 지붕을 새로 덮어야했다. 가을걷이가 끝나고 소슬바람이 일면 묵은 지붕을 걷어내고 새 이엉으로 덮어야 했다.

초가지붕의 묵은 지붕을 걷어내고 새 이엉을 덮는 일은 큰 역사였다. 이엉으로 쓸 짚을 구하는 일부터가 보통이 아니었다. 벼농사를 짓는 사람들은 별걱정이 없었지마는 농사가 없는 집에서는 볏짚을 구하는 일부터가 큰 부담이었다. 가을이 들기 전부터 벼농사가 많은 집에 볏짚을 부탁하고, 타작이 끝나면 볏짚을 옮겨 오기까지 조바심을 내야했다. 새로운 짚을 마련하면 집을 이어줄 일꾼들을 구하고 날짜를 정해 약조를 받아야 비로소 마음을 놓았다.

지붕을 잇는 날은 부산한 일꾼들의 소란으로 새벽을 열었다. 일꾼들은 시키지 아니하여도 적당한 자리를 잡고 일을 서둘렀다. 일할 자리에 집단을 미리 옮겨놓고 이엉을 엮기 시작했다. 엮은 이엉은 지붕을 덮을 때 지붕에 옮기기 좋게 적당한 길이로 엮어서 둥글게 말아 쌓았다.

용마루에 얹을 용마름은 경험 많고 솜씨 좋은 사람의 몫이었다. 용마름은 바탕 새끼를 당겨놓고 짚을 길게 틀어 엮는 모양은 특별한 솜씨가 있어야 했다. 이엉은 보통 짚을 그냥 엮어 나가지마는 용마름으로 쓸 짚은 깨끗하게 간추려야 했다. 그래서 용마름은 군더더기 하나 없이 매끈하고 윤이 나는 듯했다.

묵은 이엉을 걷어내고 새 이엉을 덮는 일은 오후의 몫이었다. 묵은 이엉을 걷어낸 지붕은 말끔히 쓸어내고 새 이엉을 덮었다. 새로 덮는 이엉은 흘러내리지 아니하도록 미리 깔아 놓은 새끼줄에 묶었다.

이엉은 지붕결을 따라 이엉을 둘러 덮는 일은 일꾼들의 재빠른 솜씨로 금방 끝내었다.

이엉을 다 덮으면 용마름을 씌우고 바람에 날리지 아니하도록 새끼줄로 사방을 촘촘히 묶었다. 덤불처럼 너부러진 지푸라기들을 쓸어내리고, 처마 끝에 드리워진 이엉의 끝을 잣대를 대듯 반듯하게 잘라내었다. 구멍이 송송 뚫린 처마 끝의 반듯한 모양은 단발머리 여학생의 이마처럼 단정했다. 걷어낸 묵은 짚들을 깨끗하게 쓸어내면 모든 일이 마무리 되었다.

지붕 일은 해가 서산머리에 걸리는 저녁나절에야 끝이 났다. 주황빛으로 빛나는 노을을 받으면서 마당가에 서면 모든 것이 그렇게 산뜻할 수 없었다.

빗질 자국이 선명한 마당, 노을에 물든 붉은 지붕과 담장에 기대선 장독대… 정갈한 모양에 넋이 빠지듯 했다. 엊그제 같은 선명한 기억인데 벌써 수십 년의 저쪽 기억으로 남았다.

닭장 같은 집에 갇혀 살기 싫다는 고집 때문에 아파트 신세는 면했다. 그래서 작은 단독주택을 마련했다. 그러나 집에 대한 욕심은 끝내 이루어지지 아니했다. 채전밭이 딸린 초가집에 살고 싶다는 꿈은 꿈으로만 남았다.

단독주택이라 하여도 화분 하나 놓을 곳이 마땅치 못한 숨 막히는 공간이다. 앞과 뒤가 꼭꼭 막힌 답답함을 벗어날 수 없었다. 교외의 작은 초가집에 대한 미련이 더한 사연이다.

빛살 좋은 날, 채전밭에 나가 풀을 뽑고, 국화 한 포기를 가꾸는 여유는 끝내 그리움으로만 남았다.

늦은 가을 하늘 새털처럼 부드러운 구름 떼, 석양에 노을이 어울려 달빛처럼 은은하게 빛나는 푸른 하늘이 새롭다. 안개에 쌓여 바다에 떠 있는 듯한 산봉우리가 생각 따라 출렁인다.

곧 추위가 몰려올 것이다. 스산한 바람이 이는 산길에 서면 가슴속에 추억 하나가 향수처럼 그립다. 그리운 사람을 찾아 마실 길을 다니던 비탈 가에 사리로 엮은 울타리에 기댄 노란 국화꽃 향기가 풍긴다. 언제쯤 그날의 만남이 오려나. 그래도 절망하지 아니하고 기다려 본다.

옛날의 흔적이 남아 있는 추억-슬픈 기억 같은 향수가 그립다.

천내의 꿈

최인식 수필집

4부 어긋난 약속

朴是春

–애수의 소야곡

운다고 옛사랑이 오리오마는 / 눈물로 달래보는 구슬픈 이 밤 고요히 창을 열고 별빛을 보면 / 그 누가 불러주나 휘파람 소리

– 애수의 소야곡 1절

영남루 후문 – 아동산 기슭에 서면 은은히 들려오는 가락.

격정과 희한, 그리고 그리움을 소리 지르지 아니하고, 안으로 안으로 사그라지는 듯 잦아드는 애절한 가락이 가슴을 파고든다.

1930년대를 대표하는 유행가, 박시춘의 '애수의 소야곡' 이다.

대중가요는 그 시대 서민들의 정서를 가장 적절하게 표현한다. 신파조의 가사에 트로트의 독특한 가락은 그 시대상을 가장 적절하게 나타내면서 서민들의 사랑을 받았다.

일제시대의 암울했던 그 시절, 대중가요는 쫓기듯 살아온 서민들의 답답하고 서러운 삶에 한 가닥 위안을 주었다.

한국가요 1세대를 대표하는 작곡가 박시춘(1930. 10. 28 ~ 1996. 6. 30)은 이곳 밀양시 내일동 226번지에서 태어났다.

권번을 경영하는 아버지 朴源居(박원거)의 아들 3형제 가운데 둘째로 본명이 朴順東(박순동)이었다.

그는 아버지의 권번에서 당시 명창이던 손만갑, 이동백, 이화중선, 김창용 등의 소리를 들으면서 자랐다. 11살 때는 읍내 카페에서 흘러나오는 축음기의 신식소리에 반해 그 집의 심부름꾼으로 들어가기도 했다. 어쩌면 그것이 가요인생과 접목한 첫걸음이었다.

밀양보통학교(현 밀양초등학교)를 거처 일본 오사카의 중앙음악학교를 나온 그는 유랑극단의 악사, 극장의 영사기사, 마술단의 바이올린 반주자 등으로 만주, 일본 등지로 전전했다.

그의 예명 是春은 아리랑가극단에서 홍개명 감독이 '늘 봄날같이 따뜻한 노래를 하라'고 지어주셨고, 그의 작곡 능력을 인증한 李瑞求(이서구)의 소개로 레코드 회사에 취직한다. 〈몬테카롤로의 갓난이〉, 〈어둠에 피는 꽃〉으로 작곡가로 데뷔했다. 그가 22살이던 1935년에 〈희망의 노래〉와 〈항구의 선술집〉, 〈물방아 사랑〉등을 발표하면서 작곡가로서 자리를 굳혔다. 1937년 무명가수이던 남인수에게 준 〈애수의 소야곡〉이 공전의 히트를 치면서 O.K레코드사의 전속작곡가로 발탁되면서 가요인생의 대표 주자로서 자리를 굳혔다.

박시춘은 1930~1960년대 한국 가요의 대부로서 3,000여 곡을 작곡했다. "나는 선생도 없고, 제자도 없다"면서 문화생도 마다한 그는 자유인을 자처했고, 1963년 4월 16일자로 본적을 서울로 옮기면서 고향 밀양과의 인연마저도 끊다시피 했다. 그러나 외고집 같은 그의 인생에서도 연예계에서의 위상만은 절대적인 것이었다. 1958년 대한레코드작가협회 초대 회장을 필두로 1961년도에는 한국연예인협회 이사장을 역임했고, 1966년 한국예총 부회장과 예총윤리위원회 부회장을 거처 1981년도에는 한국음악저작권협회 종신명예회장을 맡는 등 대중가요계의 절대적인 권력가였다.

그의 노래는 서럽게 살아온 소외된 서민들의 가슴속에 뜨거운 혼을 일깨우고 희망을 심어주었다. 세상살이에 일그러진 서민들을 포근하게 보듬어 주었다. 그러나 그의 인생은 작곡가로서의 그의 명성만큼 화려하지 못했다. 영화산업을 벌리던 말년은 나름대로 굴곡이 심했다. 외롭고 긴 여정을 걸어온 그의 가요인생의 공적은 78세이던 1982년 10월에 대중가요 작곡가로서는 처음으로 문화훈장 보관장을 수여받았다.

밀양시에서도 한국가요계의 뿌리이며 기둥이었던 그의 공적을 기리고 밀양 사람임을 자랑하기 위해 2001년 5월에 이곳 아동산 기슭에 그의 생가를 복원했다. 비록 그가 태어나고 자랐던 자리는 아니었지마는 어린 시절 꿈을 키우며 뛰어 놀았던 자리였다.

초가 2칸의 생가에는 출세작이며 대표곡인 〈애수의 소야곡〉 악보가 새겨진 기단 위에 실물 크기의 흉상을 세우고 그의 연보를 새겼다. 기단 안에 내장된 그의 대표곡들을 24시간 들을 수 있게 했다.

국가의 서훈과 밀양시의 생가지 복원은 3,000여 곡을 작곡한 가요 1세대인 박시춘에게 보내는 큰 예우였다. 밀양의 자랑거리였다.

가요의 길을 가려는 젊은 후배들이 한 번씩 들려보는 한국가요의 성지로서 발돋움하는 가능성으로 기대를 모았다.

그러나 사단은 엉뚱한 곳에서 일어났다. 2008년도 민족문제연구소에서 편 친일인명사전에 그 이름이 오른 것이었다. 민족말살정책과 전쟁에 협력한 친일전범이라는 질책이었다. 〈아들의 혈서〉, 〈목단강 편지〉, 〈결사대의 아내〉, 〈혈서지원〉 등 4곡이 친일작품으로 지목되었다. 그 가운데서도 43년 11월에 발매된 O.K레코드의 〈혈서지원〉(음반번호 31193)이 대표적인 친일작품으로 지적되었다.

〈혈서지원〉은 조영암 작사, 박시춘 곡으로 3명의 가수가 독창과 합창으로 된 5절짜리 가요였다.

> 무명지 깨물어서 붉은 피를 흘리고 / 일장기 그려놓고 천세만세 부른다
> 한 글자 쓰는 사연 두 글자 쓰는 사연 / 나라님의 병정 되기 소원입니다.
>
> – 혈서지원 1절
>
> (노래 : 1절 백년설, 2절 박향림, 3절 합창, 4절 남인수, 5절 합창)

노랫말은 일제의 황국화와 병창기지화 정책에 부합, 선동한 전형적인 친일 노래란 것이었다. 이 노래에 참여한 작사, 작곡, 가수 모두가 친일 인사로 질타의 대상이었다.

그 불꽃은 당연히 그의 생가지에 떨어졌다. 민족정기를 흐린 친일 인사의 생가를 복원한 일은 밀양의 부끄럽고 창피한 일이라 했다. 생가지를 철거하는 것이 옳다는 질책이 쏟아졌다. 논란의 와중에 휩싸인 밀양시에서는 사립문을 닫아걸고 출입을 제한했다.

친일파이고 민족반역자인 노래비와 생가를 복원하고 기린다는 일이 잘못되었다는 지적은 맞는 말이다. 마땅히 정리되어야 한다는 주장에 힘이 실린다.

그러나 오늘, 우리는 부끄러운 지난날이라도 잠시 돌아볼 필요가 있다고 본다. 우리는 역사와 과거사 문제로 해석과 주장에 따라 공격과 반론이 되풀이되는 시대에 살고 있다. 특히 친일 문제는 더 많은 논쟁이 되풀이된다. 적극적인 친일과 친일을 가장한 독립운동가의 사례가 있었던 것이 사실이다. 적극적이거나 소극적이거나 뒷말이 끊이지 아니하는 실정이다.

치욕의 역사도 역사임에는 틀림이 없다. 마땅히 인정되어야 한다. 그렇다고 인생이란 긴 여정에서 일순간의 잘못만으로 그를 매장하고 말살하여야 하는가 하는 문제는 또 다른 문제이다.

1930년대 후반, 작곡가로서 막 이름을 올렸던 30세의 박시춘이 국민총동원령의 총칼 앞에 굴복하여 만든 4곡 때문에 그의 인생 모두를 짓밟아 팽개쳐야 하는가. 참 안타까운 일이다.

"친일 인사라고 쉽게 지목하지만 일제 때의 시대 상황을 무시하여서는 아니 된다"는 비판과 지적이 끊이지 않는 실정이다. 광기의 시대, 생존을 위한 몸부림 같은 흠집에 친일이라는 낙인으로 인생 자체를 말살하는 일이 과연 정의인가 하는 의문이 남게 된다.

> 무명지 깨물어서 붉은 피를 흘리며 / 태극기 걸어놓고 천세만세 부른다
> 한 글자 쓰는 사연 두 글자 쓰는 사연 / 대한민국 국군 되기 소원입니다.

6~70대 이상의 사람들은 기억하는 노랫말이다. 6·25전쟁 때 우리 국군들이 불렀던 군가다. 대한민국 정부수립과 국군창설 2년 만에 터진 전쟁, 그때 우리에게는 군가다운 군가가 없었다. 총을 들고 훈련을 하고 전선으로 향하던 국군들이 목이 터지도록 불렀던 군가

다. 그 군가가 아이러니하게도 〈혈서지원〉을 개사한 군가다. 그때 그 노래를 부르며 총을 들었던 군인들은 모두 친일 군대였던가. 참 묘한 인연이 아닐 수 없는 일이다.

〈희망의 노래〉로 작곡가의 길로 데뷔했던 박시춘은 1945년 해방을 맞으면서 작곡가로서의 재능이 빛을 낸다.

해방의 환희를 노래한 〈럭키 서울〉을 비롯해 남북분단을 노래한 〈가거라 삼팔선〉, 〈46년〉, 48년의 〈비내리는 고모령〉, 〈신라의 달밤〉, 〈낭랑 18세〉 등 주옥같은 곡을 발표하면서 예술혼을 불태운다.

6·25전쟁 때는 해군정훈국 소속 군예대로 활동하면서 〈전우야 잘 자라〉를 비롯해 〈전선야곡〉 등 조국수호를 위한 국군용사들의 사기를 높이고 희망과 격려를 위한 노래를 만들었다. 또한 전쟁으로 고통과 실의에 빠진 피난민들을 위해 〈굳세어라 금순아〉, 〈이별의 부산정거장〉을 비롯해 〈남성 넘버원〉, 〈오부자의 노래〉, 〈삼다도 소식〉 등 희망과 용기를 심어주는 노래를 작곡했다. 그리고는 60년대 '세상에 될 것이 없다'는 시대적인 절망에 휘말려 국민의 사기가 떨어졌을 때는 〈봄날은 간다〉는 노래로 우리를 격려했다. '연분홍치마'와 '옷고름' 그리고 '성황당길' 등 현대와 동떨어진 노랫말이 덧없는 생활에 맥이 빠진 체념을 걷어내는 묘한 매력을 안겨주었다. 추위에 움츠린 겨울이 가면 다시 봄이 온다는 희망으로 땅에 떨어진 사기를 북돋우고 체념을 걷어내는 희망의 가락이었다.

〈울며헤진 부산항〉, 〈고향만리〉, 〈고향초〉, 〈아메리카 차이나타운〉, 〈돌지않는 풍차〉 등 헤아릴 수 없이 많은 주옥같은 그의 노래는 아직도 우리 서민들의 가슴속에 살아 있다. 이어온 것만큼 이어져 전해질 것이다.

그의 고향 밀양에서는 친일 작곡가라는 멍에를 지고 배척당해 복원된 생가와 더불어 팽개치듯 천대를 받았지마는 그에 대한 재평가가 이루어지고 있음은 그나마 다행한 일이다.

2009년 10월 21일 한국가요작가협회(회장 김병환)가 주최한 '박시춘 심포지엄'이 그것이다.

'일제 말 대중음악인 비판에 대한 변정'을 주제로 한 이날의 행사는 한국음악저작권협회(지명길), 한국음악실연자연합회(송순기), 한국음악제작자협회(이딕기)가 후원했다.

이날 심포지엄에서는 영남대 이동순 교수가 "박시춘의 활동을 친일을 향해 질주한 것처럼 평가하는 어설픈 방식을 택했고 군국주의 성향가요가 그의 전체 작품을 함축할 정도로 분량과 품질면에서 문제인가"라고 문제를 제기하였다. "강제된 어쩔 수 없는 부역이 어찌 친일인가"라고 음악평론가 조진형의 지적이 있었다. 또 이날 친일 인사로 수록된 20명 이외에도 이난영 등 24명의 군국가요 관련자들을 나열하면서도 이들에 대하여는 무관심과 침묵으로 일관했다고 지적한 뒤 선정 기준과 일관성에 현저한 자기모순이 드러났다는 말도 나왔다. (이상 동아일보 2010. 6. 10자)

그동안 박시춘의 노래는 각종 가요제나 방송프로그램에서 친일 명단에 수록되었다는 이유로 온갖 수모를 겪어야 했다. 그의 이름을 딴 가요제는 이름을 바꾸어야 했고, 생가지도 출입이 통제되기도 했다. 오두막 같은 초라한 생가지는 그의 흔적이라고는 사진 한 장 걸려 있지 않다. 버려진 폐허처럼 방치되어 있었다.

일제 말기의 전시체제에 내몰린 굴욕의 시대에 몰렸다고 하더라도 군국가요를 작곡한 그의 노래가 친일에 기여했다면 분명히 잘못을 인정하여야 한다. 그러나 비록 친일의 멍에에서 자유롭지 못하다고 하더라도 그의 공적 또한 무시하여서는 아니 된다고 본다. 공은 공대로 과는 과대로 평가되어야 마땅한 일이다. 박시춘이 고향 밀양에서는 평가절하되어 제대로 대접받지 못하고 천대를 받지만 우리들 서민들의 가슴속에서는 살아 있고, 그의 노래는 면면히 이어지고 있다.

KBS가 매주 월요일 편성한 '가요무대'에서는 거의 매주 그의 노래가 불려진다. 가요무대 800회 기념 '가요무대 100곡 선집에서는 박시춘의 노래가 무려 15곡이 수록되었고, 1000회 특집(2006. 11. 6)에서는 〈애수의 소야곡〉, 〈낭랑 18세〉, 〈이별의 부산정거장〉, 〈봄날은 간다〉, 〈신라의 달밤〉, 〈고향초〉, 〈비 내리는 고모령〉 등 7곡이 소개되었다. 1980년도 MBC가 선정한 한국인이 가장 좋아하는 노래 20곡 가운데 6곡이 그의 노래다. 또한 2010년 11월 KBS가요무대 25주년 특집에서도 〈비 내리는 고모령〉과 〈신라의 달밤〉 등이 국민이 선호하는 가요곡으로 선정되었다.

뽕짝이라 불리며 비하되고 천대 받던 트로트는 흘러간 노래가 아니고 이 시대까지 살아 흘러온 가요다. 일제시대 민족의 비애를 노래했던 서민들의 노래인 트로트는 이제 한국적인 서민들의 노래로서 자리 잡은 것이다.

3,000여 곡의 그의 노래는 근대 대중가요의 초석이자 기둥이었다. 친일 작가의 노래라고 각종 매스컴에서 소외되는 수모를 겪었으나 결코 잊혀진 것은 아니었다. 어려운 시절 민족의 아픔과 고통을

달래어 준 묘약이었다.

한국가요작가협회에서는 박시춘을 위한 심포지엄을 가진데 이어 그의 무덤이 있는 남양주에 2013년 박시춘 탄생 100주년에 맞추어 기념관을 세우고, 영상자료와 악보, 악기 등 유품을 모아 전시하고 부설 공연장을 마련한다고 한다. 얼마나 자랑스럽고 대견한 일인가.

고향 밀양이 그를 버리고 무시하는 동안 서민들의 마음을 달래주던 자랑스러운 박시춘을 잃었다. 민족 반역자라고 매도하기보다 일본 군국주의의 희생자라고 따뜻하게 보듬어 주는 아량이 아쉽다.

> 차라리 잊으리라 맹세하건만 / 못 잊을 미련인가 생각하는 밤
> 가슴에 손을 얹고 눈을 감으면 / 애타는 숨결마저 싸늘하구나
>
> 무엇이 사랑이고 청춘이던가 / 모두 다 흘러가면 덧없건마는
> 외로이 느끼면서 우는 이 밤 / 바람도 문풍지도 애달프구나
>
> – 애수의 소야곡 2, 3절

잊고 싶어도 잊을 수 없고, 버리려고 하여도 버릴 수 없는 것이 고향이다. 비록 박시춘이 먼저 고향 밀양을 떠났지마는 그가 있어 밀양이 부끄러운 일이 아니나. 차라리 그를 관용하고 포용하지 못한 옹졸함이 부끄러운 일이 아닐까.

아직도 늦지 않다고 본다. 모처럼 복원한 생가에 그의 생전의 모습이 담긴 사진 한 장이라도 걸어주면 어떨까. 가능하다면 악기와 악보 등 유품을 모아 전시할 수 있었으면 좋겠다. 힘들게 살아온 선인들의 아픔을 같이 나눌 수 있는 아량이 함께 하였으면 좋겠다. 기

단에 설치된 그의 명곡들도 일방적으로 들려주는 것도 좋지마는 방문자가 좋아하는 곡을 선택하여 들을 수 있는 〈뮤직박스〉를 만들어 준다면 더욱 친근하지 아니할까.

일제의 억압된 시대를 살면서 살기 위한 몸부림 같은 일들을 모두 친일로 모는 것이 과연 옳고 합당한 일일까.

국권을 팔아넘긴 반역자와 애국지사를 체포, 고문했던 자들과 그 앞잡이들은 당연히 매도되어야 한다. 그러나 그 시절 식량공출과 징용에 열을 올리던 관서에 봉직했던 관리들, 황국신민을 외우고 국어 상용화를 강제하면서 부모 자식 간에도 조선말을 못하게 가르쳤던 훈도들, 공출을 피해 숨긴 곡식을 찾아내고 살강 밑에 숨긴 놋그릇과 수저마저 찾아내던 구장과 반장들… 한도 끝도 없는 그들 모두를 친일로 몰아버린다면 살아남을 사람은 누구인가. 잘못되었다고 모두 쓸어버리면 세상이 온전할까. 그렇게 될 수밖에 없었던 슬픈 역사의 기억을 함께 나누는 아량이 아쉽다. 가시밭길을 함께 걸어온 조상들이 있었기에 오늘의 풍요로움이 있는 것이 아닐까.

박시춘이 코흘리개 어릴 적 태어나고 꿈을 키웠던 아동산과 영남루 그리고 남천강, 오늘도 박시춘의 꿈처럼 하늘에는 흰 구름이 피어오르고 남천강은 유유히 흐른다.

예술성이 아무리 중요하다 하더라도 모두 외면하면 아무 도움이 없는 일이다. 서민들이 잊지 아니하고 사랑하고 애창한다면 그 노래가 곧 예술이 아닐까.

딴따라라고 천대 받으면서도 잡초처럼 생명을 이어온 박시춘의 명곡들을 모아 신명나는 축제 한판을 벌리는 그날을 기다려 본다.

농심과 욕심

가을이다. 하늘이 높아 졌다. 보기만 하여도 눈이 시린 하늘이 더 높고, 더 푸르르다.

황금빛으로 빛나던 들녘에 금방 텅 빈 황량함이 깃든다. 계곡을 타고 오르는 골바람 소리 따라 채색 옷으로 갈아입은 단풍이 저 만큼 산록에 섰다.

가을걷이에 바쁜 농심은 아직도 쉴 틈이 없다. 참깨 털기와 고구마 캐기, 가을 채소 손질에 숨이 차다. 올망졸망 가지 끝에 매달려 빨갛게 달이오른 감들에게는 미처 손이 돌아가지 아니한다. 탐스럽게 익은 사과는 무서리가 내릴 때까지 그냥 둘 수밖에 없다. 지천으로 늘린 오곡백과, 어느 것 하나 손이 빠질 수 없다. 모두 손이 가야 한다.

농심은 어느 것 하나 소홀할 수 없다. 지극정성이다. 그래도 올해는 영 신명이 나지 아니한다. 어쩐지 한쪽이 텅 빈 것 같다는 푸념이다. 엄청 올라버린 농자재 값에, 품삯에도 미치지 못하는 농산물 값. 절로 어깨가 처진다. 거두는 기쁨 보다는 깊은 시름에 한숨이 앞선다.

그래도 가을은 넉넉하고 풍성하다. 값이 헐하다고 모른 척 할 수 없는 일이다. 손 놓고 울고만 있을 수 없는 일이다. 내년을 기약해야 한다. 씨앗을 갈무리하고, 겨우살이를 위해 곳간에 알곡을 쌓는다. 티 없는 손자들의 얼굴을 생각하면 절로 힘이 솟는다. 넘치는 웃음을 다물지 못한다.

마당 한 모퉁이에 핀 노란 국화꽃 앞에 선다. 탐스럽게 핀 국화는 욕심이 없다. 봄이면 잎을 틔우고, 가을에는 꽃을 피운다. 문득 국화 앞에선 내가 부끄럽다. 국화는 자연의 섭리에 따라 꽃을 피운다. 결코 자연의 섭리를 거슬리지 아니한다. 그러나 사람은 순리를 거스르기를 서슴지 아니한다. 언제나 자기 욕심 채우기에 급급하다. 때가 되면 이루어지는 자연의 순리를 기다릴 줄 모른다. 언제나 조바심으로 마음만 바쁘다.

얼마나 부끄러운 일인가. 욕심이 가득한 마음은 언제나 내가 필요로 한 것만을 찾는다. 그러나 아무것도 찾을 수 없었다. 언제나 부족하고 가난했었다. 더 높은 곳, 더 많은 것만 탐했었다. 나만이 뒤처지고 버려진 외톨이라고 탄식했다. 발버둥 치고, 조바심 낸다고 욕심을 메울 수 없는 일이다. 어쩌면 끝내 찾던 어느 것 하나 가질 수 없을지 모른다. 자칫 허망한 절망으로 주저앉게 될지도 모를 일이다.

야구에서 타자가 방망이를 마구 휘둘린다고 홈런을 치는 것은 아니다. 투수의 공을 잘 지켜보고 기다릴 줄 알면 안타의 기회가 있기 마련이다. 순리를 기다릴 줄 알면 반드시 때는 찾아온다.

끝내 아무것도 찾을 수 없는 빈손이라면 차라리 자연의 섭리에 맡겨야 하겠다. 메울 수 없는 욕심을 비울 줄 아는 지혜를 다스려야한다.

내가 필요로 하는 것을 찾을 수 없다면, 차라리 나를 필요로 하는 곳을 찾아보는 것이 어떨까. 나를 필요로 하는 곳을 찾는 일, 지금까지 잊고 살아온 세월이었다. 갑자기 눈앞이 밝아 오는 듯하다. 자연에 순응하고 거스를 줄 모르는 농심, 순 하디 순한 농심 앞에 숙연해진다.

> 산이 높지 아니하여도 신선이 살면 이름이 나고, 물은 깊지 아니하여도 용이 살면 영험하다. 山不在高, 有仙則名, 水不在深, 有龍則靈

당나라 유우석劉禹錫의 더러운 집이라는 '누실명陋室銘'에 나오는 말이다.

산은 그 높이에 의해 가치가 정해지는 것이 아니고, 물이 깊은 것만이 신령한 것이 아니라는 뜻이다. '누추한 집' 이라는 이름 아래 자부심과 편안한 마음을 노래한 글이다. 집이 누추해도 천박한 세상 소리를 듣지 아니하고, 푸른 초목이 드리운 집에서 자연과, 박식한 사람들과 담소하고 즐기는 자랑이 넘치는 글이다.

욕심 없이 자연에 묻혀 사는 사람에게는 가난함이 흠이 되거나 부끄러운 일이 아니다.

비록 기다릴 것도 없고, 바랄 것도 없는 아득함만 있는 것 같아도, 여기에 머물 수만은 없는 일이다. 나에게 주어진 것이라면 내 것으로 받아드리는 마음이 얼마나 넉넉할까. 꼭 신선을 찾고, 용을 키워야만 하는 것이 아니다. 지나친 기대는 아무것도 기대하지 아니하는 것일

수 있다.

뼛속까지 파고드는 찬바람보다는 마음의 추위가 더 무서운 법이다. 찬이슬 먹음은 한 송이 국화의 미소 앞에 서서 하늘을 본다. 곧 무서리 내릴 들녘에서 하늘거리는 개망초꽃의 노래가 들려 오는 듯하다.

농심이 천심이라던가. 욕심 없이 순하고 순한 얼굴들을 그려 본다. 목마른 자가 물을 마시듯, 거칠고 흐린 마음을 씻어줄 은은한 향기 넘치는 차 한 잔이 그리워진다.

배추 파동

“올해 김장 잘 하셨습니까?”

어느 모임에서 강사 선생님이 던진 첫인사였다. 지난가을 배추 때문에 겪었던 마음고생이 새삼스럽다.

2010년은 기상이변으로 시작하여 기상이변으로 끝난 한 해였다. 설해와 혹한에 수해, 풍해, 폭서와 태풍 등등… 기상이변의 유형이 선보인 한 해였다. 춘하추동 4계절에 때맞추어 골고루 보여주었다.

새해가 열린 1월 4일, 37년만에 처음이라는 25.8센치의 폭설이 쏟아졌다. 폭설에 더한 한파는 세상을 꽁꽁 얼려 버렸다. 모든 길이 눈 속에 묻히었다. 고속도로는 주차장으로 바뀌었다. 휴지처럼 구겨진 사고 차량에 갇힌 차들이 꼼짝달싹 못했다. 사람들은 차 속에서 밤을 지새웠다. 길이 막힌 산간 오지 마을은 외딴섬처럼 인적이 끊겼다.

그 뿐이 아니었다. 겨우 해동을 하고 꽃피는 봄이 왔다. 그러나 봄은 봄이 아니었다. 춘래불사춘春來不似春이라고 하였던가. 꽃을 시샘하는 꽃샘추위가 그냥 두지 아니하였다. 열매를 맺을 과일나무들은 수정도 하지 못하고 꽃대가 시들어버렸다. 유래 없는 봄비는 봄채소와 밭농사까지 깡그리 망쳤다.

여름에는 모닥불처럼 뜨거운 햇살이 쏟아지더니 끝내 가뭄으로 이어졌다. 폭서와 가뭄에 대지가 목이 탔다. 25년만에 처음이라는 태풍이 한 달에 3번이나 몰아쳐서 대지를 갈가리 찢어 놓은 듯했다. 추석 때 쏟아진 폭우는 비가 아닌 물 폭탄이었다. 연말에는 다시 이상 한파와 기록적인 눈사태. 어느 한 가지도 마음 놓을 수 없는 기상 이변에 애를 태워야 했다.

그 결정적인 백미가 가을 배춧값 파동이었다.

가을이 들면서 밥상에 오르던 싱싱한 배추가 모습을 감추기 시작하였다. 자연히 배춧값이 들먹이기 시작했다. 한번 뛰기 시작한 배춧값은 도무지 멈출 줄 몰랐다. 고작 2~3천 원하던 배추 한포기 값이 1만 5천 원까지 치솟았다. 배추가 아니라 금치라는 말이 실감이 갔다.

배추를 긴급 수입한다고 호들갑을 떨었다. 비축용 채소를 방출한다고 서둘렀다. 흉흉한 민심을 달랜다고 대형 마트에서 벌린 배추 반값 세일은 도리어 인심을 더 살벌하게 들쑤셨다. 마트 앞에는 새벽부터 장사진을 쳤다. 잘나고 못난 사람이 따로 없었다. 체면을 앞세우고, 의젓해 하던 사람들도 모두 한결 같았다. 세상의 종말이 온 듯 서두름에 정신이 없었다.

하늘 높은 줄 모르고 치솟는 배춧값을 두고 세상이 뒤숭숭했다. 배춧값으로 시작된 물가는 세상인심을 뒤죽박죽으로 만들었다. 온갖 유언비어로 종잡을 수 없는 혼돈에 정신이 없었다. 끝내는 배춧값 하나도 다스리지 못하는 정부가 무슨 소용이냐고 질책이 쏟아졌다. 물가 하나 내다볼 줄 모르는 무능한 사람들이 무슨 정치를 하느냐고 목청을 높였다.

하늘 모르고 치솟던 배춧값 파동은 김장배추가 나오면서 진정되었다. 파동의 주범은 파종기의 지독한 가뭄에 배추 싹이 제대로 트지 아니한 탓이었다. 그나마 싹이 튼 것마저도 연일 쏟아진 폭우에 포기가 뒤집어지고, 늦장마에 뿌리가 썩어버렸기 때문이었다.

지구온난화에 따른 기상이변이라 했다. 자연의 질서를 깡그리 뒤집어 놓은 듯한 기상이변은 지구온난화에 따른 당연한 결과였다.

자연재해를 처음 당하는 것이 아니었다. 해마다 크고 작은 재해는 있기 마련이었다. 그러나 사람들은 똑같은 일을 되풀이하여 당하면서도 그때만 지나면 그냥 잊어버린다. 그때 뿐이었다. 당할 때는 당장 대책을 세운다고 서둘렀다. 재해를 극복하는 능력을 키워야한다고 호들갑을 떨었다. 그러나 어떻게 대처할 것인가 하는 당연한 결론에는 달리 대응하지 못했다. 언제 그런 일이 있었느냐는 듯 관심을 거두었다. 금방 잊어버린다.

우순풍조雨順風調, 옛 어른들은 자연의 조화에 순응했다. 모든 일을 하늘의 뜻이라 하고 하늘을 두려워했다. 기상이변은 하늘의 뜻을 거스른 사람들의 오만 때문이라고 스스로 자책했다. 경동망동을 삼가고 자연의 조화에 경배하고, 하늘에 제사를 올렸다. 해가 뜨고, 별이 반짝이고, 싹이 트고, 잎이 무성하고, 열매를 맺는 모든 것을 자연이 베풀어 준 은혜로운 일이라 했다. 인간의 경륜이 아무리 높고 크다고 하여도 자연의 조화에는 미칠 수 없는 일이다.

그러나 우리는 흙의 고마움을 잊고 산다. 물의 귀함을 그냥 지나친다. 잊어버리고, 지나쳐 버리는 잘못된 버릇이 어제까지 겪었던 어려움을 오늘 또 되풀이하는 것이다. 그것은 결코 위정자의 탓이 아니고, 다른 사람의 책임도 아니다. 모두 나의 몫이다. 지구온난화를 막기 위한 노력을 외면하고 함부로 환경을 해친 탓이다.

배추 한 포기가 그냥 얻어지는 것이 아니다. 땀 흘리고 일 한만큼 주어지는 것이다. 흙을 일구고, 풀을 뽑고, 북을 도와 주어야한다. 따뜻한 햇빛과 적당한 비, 시원한 바람이 따라야 한다. 자연은 노력한 만큼 보답한다. 애쓴 만큼 되돌려 준다. 이 단순한 이치를 그냥 지나친다.

모든 일의 주체는 나 자신이다. 지난날의 경험 속에서 잘못된 사연을 찾아내어 고쳐야하는 책임이 있다.

우물 안 개구리처럼 옹졸한 자기변명에 언제까지 갇혀 있어서 될 일이 아니다. 지난날의 고통 속에서 새로움을 찾는 노력이 필요하다. 당하는 그때만 생각하고 곧장 잊어버리는 수렁에서 헤어나야 한다.

우아하고 고상한 척할 수는 있어도 자연의 섭리를 거스르면 행복해 질 수 없는 일이다.

한겨울 밤. 모진 추위를 피해 펄펄 끓는 아랫목에서 이야기꽃을 피우던 말벗을 찾아 마실 다니던 소박했던 때가 그리운 시절이다. 삶의 향기를 잃으면 영혼마저 발길을 잃고 방황한다.

배추 한 포기에서 긍정적인 사연을 찾고, 재난에 대비하는 마음을 가진다면 그것이 나를 찾는 길이 아닐까.

감사하고 겸손한 마음을 가져야 하겠다.

짜깁기

생각지도 못한 일이었다. 어처구니없는 일이 어떻게 일어났을까. 스스로도 믿기지 아니한 일이었다.

회원전會員展에 출품한 서예작품에 오誤자가 있다는 연락이었다. 전화를 받는 순간 말문이 막혔다. 어떻게 이런 실수를 저질렀을까. 당장 달려가서 대책을 세워야했다. 그러나 공교롭게도 그럴 수 없는 입장이었다. 열이 펄펄 끓는 몸살을 앓고 있는 중이었다. 꼼짝할 수 없는 것이 안타까웠다.

서실에서는 해마다 봄, 가을 두 자례 회원전을 갖는다. 글씨를 잘 쓰고 못 쓰는 평가보다는 친목을 가지는 데 뜻이 있었다. 한편으로는 전시회를 통해 글 솜씨가 얼마만큼 나아졌는지 평가해 보는 일 또한 뜻있는 일이었다.

시원치 못한 글씨지만 마다하지 아니하고 기꺼이 참여했다. 고향을 노래한 옛님의 시가 중에서 골라 행서로 썼었다. 그것이 잘못되었다는 것이었다.

오자가 있을 것이라고는 전혀 생각하지 못했다. 다행히 행사를 준비하는 마지막 점검에서 오자를 발견하였다는 연락이었다. 이를 도到자를 이를 치致자로 잘못 썼다는 것이었다. 원작에서의 작품의 뜻이나 내용이 바뀐 것은 아니지만 글자는 전혀 다른 글자였다. 옮겨 적을 때 잘못 쓴 모양이다.

잘못된 글자를 미리 발견한 것은 정말 다행한 일이었다. 꼼꼼히 살피고 챙겨 주신 분이 고맙고 감사한 일이었다. 만일 잘못된 것을 그대로 전시하였다고 생각하면 오싹 등골에 땀이 흐른다.

글씨를 다시 쓰기에는 이미 날짜가 없었다. 잘못을 밝혀준 것에 고맙고 감사하다는 인사를 하고, 이번 전시회에는 참여하지 못하게 되었다고 양해를 구했다.

그때 나온 대안이 잘못된 글자를 고쳐 놓겠다는 제안이었다. 짜깁기하듯 잘못된 부분을 표 나지 아니하게 고친다는 설명이었다. 이를 지至 변의 칠 복攵자를 칼 도刀자로 바꾸는 일은 표구기술의 발달로 쉬운 일이니 그렇게 알고 있으라는 말이었다.

글씨를 짜깁기 한다고…? 얼른 알아들을 수 없었다.

짜깁기란 말은 원래 모직물 옷감이 찢어진 것을 같은 옷감의 올로 표 나지 아니하게 본디처럼 깁는 것을 말한다.

그 짜깁기가 내 글씨에서 만들어진다니, 도무지 실감이 나지 아니한 일이었다. 완곡하게 사양할 수밖에 없었다. 하지마는 회원들의 생각은 처음부터 내 의견은 받아들이지 아니하였다. 회원들의 우의와 화합을 위한 일이니 그렇게 알고 있으라는 통고조의 강요였다. 함께

하겠다는 분들의 따뜻한 마음씨 때문에 어쩔 수 없는 체념 같은 심정으로 묵시적으로 받아들이는 꼴이 되고 말았다.

비록 동료들의 권유라고 하더라도 짜깁기하듯 오자를 고쳐 내 놓았다는 부끄러움에 마음이 무거웠다.

매사에 꼼꼼하게 잘 챙기고, 야무져서 빈틈이 없다는 평판을 받아왔었다. 그러나 그것은 눈에 보이는 것만 보고하는 인사일 뿐이었다. 눈에 보이지 아니하는 내면의 조급함과 얼렁뚱땅 넘겨버리는 어설픔 때문에 겪는 낭패가 한둘이 아니다. 밖에 드러나지 아니한다고 그냥 넘겨버리는 버릇 탓이었다. 경솔한 자만이 오늘 이런 부끄러움을 당한다고 생각하면 할 말을 잃는다.

눈에 보이는 일, 다른 사람의 눈만 생각하고 조심하면서 눈에 보이지 아니하는 마음속의 일은 소홀히 넘겨버리는 경솔함 때문에 민망한 일을 겪는다는 생각에 고개를 들 수 없다.

남들은 빈틈없는 사람이라고 말하지마는 사실은 소심하고 편협한 속내 때문에 노상 부끄러운 갈등에 시달려 왔다.

다른 사람들은 막걸리 한 잔을 앞에 놓고 훌훌 털어버릴 일이라도 그러하지를 못했다. 조그마한 앙금이라도 그걸 안고 전전긍긍했다. 다른 사람에게 속내를 드러내지 못하고 혼자 끙끙거리고 가슴앓이를 했다.

언제나 혼자일 수밖에 없었다. 외로웠다. 그래서 예사로운 일이라도 그냥 넘기지 못했다. 조그마한 앙금도 삭이지 못하고 조급한 마음에 시달렸다.

그때마다 마음속의 번민과 앙금에서 벗어나려고 발버둥 쳤다. 다시는 후회하는 일은 하지 아니하겠다고 다짐했다. 그러나 그때 뿐이었다. 그때만 지나면 금방 잊어버리고 매사를 조급하게 서둘렀다. 그리고는 또 후회한다.

그때 문득, 사람의 마음도 짜깁기할 수 있으면 좋겠다는 생각이 떠올랐다.

조급하고, 짜증내고, 스스로 통제할 수 없는 마음을 들어낼 수 있다면 얼마나 좋을까. 마음대로 다룰 수 있는 깨끗한 마음을 짜깁기하듯 바꾸어 넣을 수 있다면 얼마나 신통하고 신명나는 일일까. 절로 무릎을 쳤다.

그러할 수만 있다면 어둡고 짜증나는 세상이 밝아지지 아니하겠는가. 반목하고 질시하며 눈 흘기던 이웃에 웃음이 넘치게 하지 아니할까. 생각만으로도 흥겹고 신명난 세상이 될 것 같다.

마음의 짜깁기란 비록 이루어 질 수 없는 꿈이라도 그냥 내버려 둘 수만은 없는 일이다. 자기에게만 지나치게 관대한 가치관에 쐐기를 박고, 지금이라도 잘못을 고쳐나가겠다는 다짐을 한다면 그것이 바로 짜깁기가 아니겠는가.

마음속의 앙금을 풀고, 모든 일에 감사하고, 세상의 진리에 눈을 돌리면 새로운 세상이 열린다. 그냥 내버려 둘 수 없는 일이다. 변해야 새로운 세상이 열린다.

나에게 가혹하고 이웃에 관대하게 베푸는 겸손하고 겸허한 마음을 가지면 세상은 절망만 할 곳이 아니다. 얼마나 따뜻하고 웃음과 사랑이 넘치는 세상이 될까.

고대 중국의 철학자 증자曾子는 "나는 매일 나 자신을 세 번씩 반성한다.(吾日三省吾身 오일삼성오신)" 라고 말했다.

첫째 이웃과 남을 위해 최선을 다했는가.

둘째 친구를 사귈 때 신뢰를 잃지 아니하였는가.

셋째 스승이나 부모와 선배에게서 배운 바를 바르게 실천하는가를 매일 세 번씩 반성한다고 했다.

옛날 성현도 자기 허물을 밝혀 고치기 위해 하루 세 번씩 반성한다는 좌우명을 가지는데 하물며 까맣게 미치지 못하는 주제에 세상을 가볍게 보다니, 자만과 자기도취에 멋모르고 우쭐대는 꼴에 기가 막힐 일이다.

오늘 내 마음을 짜깁기하듯 새로운 마음을 가져야겠다고 다짐한다. 스스로 집착하는 마음에서 부끄러움을 아는 겸허한 마음을 가져야겠다. 이웃에게 활짝 마음을 열고 잘못을 고백할 수 있는 마음가짐을 가져야겠다. 비관과 짜증에서 인생을 즐길 줄 아는 마음을 가지도록 노력해야겠다고 다짐한다. 글자 한 자의 오자 때문에 평소 소홀했던 스스로를 돌아볼 수 있는 시간을 가진 것이 너무 소중하고 고마운 일이다.

이제 스스로 마음을 다스릴 줄 아는 너그러움으로 짜깁기해야겠다.

미화원 아주머니

아주머니는 언제나 불평불만이 가득한 얼굴이었다.

밝고 편안한 얼굴을 보인 적이 거의 없었다. 빗자루와 밀대를 들고 좁은 계단을 종종걸음을 칠 때는 그렇다 하더라도 한가롭게 쉬거나 사람들과 어울릴 때도 그랬다. 밝은 모습이라고는 없었다. 노상 찌뿌둥한 얼굴이었다.

5층짜리 건물이었다. 많은 사람들이 번잡하게 드나들었다. 슈퍼마켓과 음식점이 1층에 들어서 있고 사무실, 휴게실, 학원까지 있는 복합건물이었다.

아주머니는 매일 이 건물 안팎을 쓸고 닦는다. 그것이 그의 일이었다. 엘리베이터가 있어도 소용이 없었다. 사람들이 붐비는 현관과 계단, 화장실 등을 깨끗이 치워야했다. 혼자서는 벅찬 일이었다. 요즈음 들어 부쩍 힘에 부치는 일이었다.

왁자지껄한 소리와 함께 한 무리의 아이들이 쏟아져 나왔다. 학원이 끝난 모양이었다. 비좁은 계단을 뛰고 굴리고 야단이다. 금방 지저분해진다. 방금까지 반들반들하던 계단에 발자국이 낭자하고 휴지들이 휘날린다.

아주머니는 눈에 쌍심지를 세운다. 꾸짖고 소리치고 극성을 피워도 아이들은 그때 뿐이다. 돌아서면 언제 그랬느냐는 듯 매한가지다. 아주머니에게는 그것이 불만이었다. 학원선생님들이 아이들을 제대로 가르치고 바로 잡아주지 아니하여 그 모양이라는 것이었다. 공중도덕이라고는 털끝만큼도 없다고 탓했다. 아이들뿐 아니었다. 드나드는 사람들 모두가 그랬다. 보기에는 의젓하게 차려 입은 사람들도 화장실 하나를 제대로 쓸 줄 모른다. 담배꽁초와 휴지들이 널브러져 있는 꼴이란 비위를 거슬리기 마련이다.

처음 건물을 찾는 사람들은 건물이 깨끗해서 놀란다. 현관에서부터 계단이나 난간에 이르기까지 어느 곳 하나 흠잡을 곳이 없다. 언제나 반들반들하게 빛난다. 모든 것이 깔끔하게 정돈되어 있었다. 칭찬이 자자했다.

"벌써 10년이야. 내가 봉사하지 아니하면 이렇게 깨끗하겠어."

그때마다 아주머니는 뿌듯해 했다. 자기 일을 자랑스러워했다. 봉사하는 자기가 있기 때문에 건물이 깨끗하다고 우쭐했다. 그리고는 봉사하느라고 희생하는 자기를 홀대한다고 서운해 했다.

벌써 10년이었다. 강산도 변한다는 세월을 그렇게 살았다. 매일 쓸고 닦았다. 덕택에 아이들을 키웠고 학교에도 보냈다. 고맙고 감사한 일이었다.

그러나 아주머니는 그렇게 생각하지 아니하였다. 고마워하고 감사하여야 할 사람은 자기가 아니고 건물 주인이라는 것이었다. 자기의 봉사와 희생이 없었다면 어떻게 그들이 깨끗한 집에 살 수 있겠느냐는 것이었다. 봉사하고 고생하는 자기에게 고마워하고 감사하는 것이 당연한 일이라고 단정한다. 더 많은 관심과 협조를 베풀어야한다는 주장이었다. 그들이 함께 비를 잡고 걸레질을 하면 자기가 그렇게 힘들게 하지 아니하여도 되는 일이 아니냐. 턱없이 적은 보수에도 봉사하느라고 어렵게 사는 것이 모두 그들이 베풀 줄 모르는 탓이라고 생각했다. 그들의 외면이 더 괘씸하고 서러운 일이라고 푸념했다.

그에게는 건물에 사는 사람들뿐만 아니라 드나드는 사람 모두가 불만의 대상이었다. 일거리만 만드는 불편하고 못마땅한 대상이었다. 당연히 청소에 나서야하는데도 모르는 척할 수 있느냐고 불평을 쏟았다.

모든 일이 어긋나고 못마땅한 것이 그런 생각에서부터 비롯했다.

"자기의 이해를 돌보지 아니하고 남을 위해 몸과 마음을 다하는 것"을 봉사라고 하고 "다른 사람이나 일을 위해 몸과 재물을 바치는 것"을 희생이라고 국어사전에서 정의한다.

그녀의 일은 봉사도 희생도 아니었다. 비록 기대에는 미치지 못한다 하더라도 보수를 받고 하는 일이었다. 당연히 해야 할 일이었다. 그러나 아주머니 생각은 사뭇 달랐다. 당연히 해야 할 일이라기보다는 기대에 미치지 못하는 만큼 희생과 봉사를 강요당하고 있다는 것이었다. 모든 것이 서운하고 불만이 아닐 수 없다는 주장이었다.

지독한 아집이고 고집이었다. 상대방의 의견이나 생각을 받아들이려고 하지 아니하였다.

그에게는 힘이 더 들더라도 일거리가 주어진 것에 감사해야 할 일이었다. 보수를 받는다는 것은 남에게 보여주기 위한 것이 아니다. 그 일에 선택된 자체에 감사하여야 할 일이었다. 당연히 해야 할 일이 아닌가.

만일 모든 사람이 빗자루와 걸레를 들고 나선다면 자기가 일할 영역이 없어진다. 일거리가 없다는 것은 자기의 설자리가 없어지는 것이다. 그러나 그는 그것마저도 인정하지 아니했다. 지금까지 열심히 봉사하고 희생한 자기를 누가 감히 쫓아낼 수 있느냐고 기를 세웠다.

모든 일의 느낌이 다르면 의미 또한 다르다. 세상에는 좋은 일과 좋지 못한 일이 함께한다. 무엇을 하는가가 아니고 어떻게 하느냐에 따라 깊은 뜻이 담긴다.

세상에는 조건이 갖추어졌다고 아무 일에나 나설 수 있는 것이 아니다. 때로는 원하지 아니하는 일에 떠밀려 어려움을 당하는 일도 있기 마련이다. 비록 청소자리라도 일할 기회가 주어진 것에 감사하면 얼마나 마음 편한 일일까. 어렵고 힘들었던 날을 거처 오늘에 이르렀다면 지난날에 대한 감사가 필요한 일이다.

지옥 같은 고통의 세월이더라도 그날이 있었기에 오늘이 있는 일이다. 그래서 지난날에 대한 감사는 당연하다. 현재에 집착하고 지난날을 잊어버리면 나아갈 길마저 보이지 아니한다.

눈에 보이는 것만이 전부가 아니다. 지난날을 새겨보면 새로운 내일이 보인다. 과거를 긍정적으로 평가하면 밝은 미래가 약속된다.

수많은 업덕을 쌓은 사람이라도 바로 천국으로 간다면 천국의 참가치를 알 수가 있을까. 시련과 고통의 참혹한 지옥의 쓰라림을 경험한 사람이라야 진정한 천국의 값어치를 알 수 있는 일이다.

물에 빠진 사람도 구조원에게 손을 내밀어야 구조된다. 불평과 불만에만 집착하면 나아갈 길이 보이지 아니한다. 지난날을 바르게 평가하고 단 한 가지라도 실천하면 새로운 평화로움이 오기마련이다.

세상에는 가끔씩 자리를 바꾸어 상대방을 보는 것이 필요한 일이다. 맛있는 음식이라도 한꺼번에 많이 먹었다고 내일모레까지 배가 부를 수는 없는 일이다.

이 세상을 마지막 가는 날…, 내가 무엇을 하였고, 단 한 가지라도 기쁜 기억을 가질 수 있다면 그것이 행복이 아닐까.

불평과 불만으로 마음 썩이는 아주머니에게 평화로운 웃음의 날이 오기를 빈다.

어긋난 약속

벌써 몇 년의 세월이 지났다. 그해 여름, 나는 오랫동안 잊고 있었던 옛 친구를 만나기로 했었다. 단풍잎이 곱게 피는 풍요로운 가을날 만나자는 약속이었다.

그러나 우리의 만남은 이루어지지 아니하였다. 만나기로 약속한 날을 며칠 앞두고 슬픈 소식이 먼저 전해 왔었다. 심장마비로 유명을 달리했다는 소식이었다. 감정 하나 없는 전화선에 실려 오는 기계음에 넋이 나가는 듯했다. 아득한 충격에 어안이 벙벙했었다. 우리의 인연은 그렇게 끝이 났었다.

그와 나는 꿈 많은 20대 시절, 같은 부대에서 복무한 군대동기였다. 힘들고 고달팠던 군대생활에서 속마음을 털어 놓을 수 있는 유일한 친구였다. 듬직한 몸집에 귀공자풍의 멋진 풍채에 말솜씨 또한 의젓했다. 신중하고 사려 깊은 행동은 믿음과 부러움을 한 몸에 받는 친구였다. 3년간의 삭막했던 군대생활이 그가 있어 즐거운 추억이 되었었다.

우리의 인연은 제대 후에도 이어졌다. 60년대 초반, 그 힘들고 어려웠던 세월을 살면서도 서로 속마음을 주고받았다. 전라도와 경상도라는 지리적인 거리감 때문에 만나지 못하여도 서로 따뜻한 정을 나누고 격려했다. 외롭지 아니한 우정이 더욱 짙어졌다.

그러나 돈독했던 우정도 어느 날부터인가 조금씩 틈새가 벌어지고 있었다. 어렵고 각박한 생활에 쫓겨 직장 따라다니다가, 눈에 보이지 아니하는 거리감에 소홀해지기 시작한 것이었다. 한 번 놓쳐버린 인연의 끈은 그렇게 끝나가고 있었다. 그것이 어느덧 50년, 반세기의 세월에 묻혀가고 있었다.

인명이 재천이라고 했던가. 반세기의 세월을 넘어 만나기로 했던 친구와의 약속이 그렇게 허무하게 끝날 것이라고는 생각지 못한 일이었다. 본의는 아니지마는 지키지 못한 약속 때문에 아직도 가슴이 무겁다. 잊혀지지 아니하는 친구 때문에 먼 허공, 구름 속에 가려진 하늘을 향해 그를 불러본다.

약속은 정해진 어떤 일을 서로 어기지 아니하고 지키기로 한 경우를 말한다. 따라서 약속은 서로 지킨다는 것을 전제로 한다. 꼭 지켜야할 일을 지키지 못하였을 때의 아쉬움과 허전함은 생각보다 깊은 상처를 남긴다. 비록 그와 내가 약속을 어기는 잘못을 저지르지는 아니하였더라도 영 잊어버리지 아니하는 부담이다.

우리는 많은 모임에 나간다. 크고 작은 모임에 나가보면 모임시간을 잘 지키는 사람이 있는가 하면, 언제나 약속시간을 어기는 친구가 있다.

나는 모임에 나갈 때면, 평생 익혀온 버릇대로 시작 5분전에는 나가는 것을 지키려고 애를 쓴다. 부득이 모임에 못 나가거나 시간이 늦어질 때는 미리 연락을 하고 양해를 구하려고 마음을 쓴다.

그러나 모임에는 매번 시간을 어기거나 단체 행동의 규범을 무시하는 친구가 있기 마련이었다. 그런 친구치고 미안해하거나 부끄러워하는 마음을 가지는 경우 또한 드문 것 같았다. 외려 있을 수 있는 일을 왜 그러느냐는 듯한 뻔뻔스러운 모습을 볼 때는 슬며시 화가 치민다. 그에 더하여 다른 사람의 실수는 놓치지 아니하고 꼭 꼬집고, 트집을 잡는 모습에는 그저 기가 찼다.

김 군의 경우가 그랬다. 평소 '영국 신사' 라는 별명으로 불릴 만큼 처신이 깨끗했던 김 군이었다. 그가 요즈음 달라지고 있었다. 그는 매사에 반듯하고 명료한 언행으로 친구들의 우상이었다. 나긋나긋한 말솜씨와 조용하면서도 치밀한 행동은 누구나 함부로 할 수 없는 권위가 있었다. 명쾌한 판단과 장중을 압도하는 친구들의 우상이었다.

그 김 군이 요즈음 조금씩 빈틈을 보이기 시작한 것이었다. 신중한 말솜씨와 빈틈없던 올곧은 행동이 눈에 띄게 바뀌고 있었다.

모임에 아무 연락 없이 빠지거나, 예사롭게 시간을 어기는 일이 되풀이되고 있있다. 틀에 맞추듯 반듯하게 행동하던 그가 전혀 미안해하거나 변명마저 하는 일도 없어졌다. "내가 무엇을 잘못했느냐."는 듯 한 모습이었다.

오랜 공직생활로 몸에 밴 지난날의 그 단아하던 모습은 찾아볼 수 없었다. 약속시간에는 5분 전에 어김없이 나오던 모습이 완전히 풀린 듯했다. 행동마저 느슨하고 어정쩡했다. 무엇이 잘못되고 있는지를 느끼지 못하는 것 같았다. 전에 없던 일이었다. 어안이 벙벙했다.

사람은 환경 따라 쉽게 변할 수 있다고 하더라도 달라진 그의 모습은 생소했다. 풀린 눈동자, 느슨해진 매무새, 무엇이 잘못되었느냐는 듯한 엉뚱함이 더욱 안타까웠다. 모른 척 그냥 넘기기에는 지난날의 깊고 짙게 새겨진 그의 영상이 너무 생소했다.

10시의 약속시간을 위해 9시에 집을 나선 사람이 11시가 지나도 나타나지 아니할 때는 기가 찼다. 그것도 불과 20여 분이면 충분한 거리를 어디로 헤매는지 알 수가 없었다. 약속을 어겼다는 아쉬움 보다는 걱정이 앞섰다.

매번 그런 것은 아니었다. 그러다가도 멀쩡한 모습으로 나타나곤 한다. 그리고는 내가 무엇을 잘못하였느냐는 투다. 만날 때마다 변하고 달라지는 모습을 지켜보기가 안쓰럽다. 걱정스럽고 안타까움에 기가 찰 노릇이었다.

하루에도 몇 번씩 변하는 것이 세상인심이라고 했다. 그러나 아직도 정정하고, 자신 있게 살 수 있다는 집착을 버릴 수 없는 일이다.

매일 속을 터놓을 수 있는 친구들이 있고, 믿고 의지할 수 있는 여유로운 따뜻한 정이 있지 아니한가. 나이를 먹고, 인생의 일선에서 밀려난 늙은 세대라고 하더라도 종말을 사는 것은 아니다. 삶의 시련에서 추락한 것도 아니다. 아직도 삶의 끈을 놓은 인생의 종말은 아니다. 나래를 꺾인 새처럼 날 수 없다 하더라도 스스로 추락할 수는 없는 일이다. 혹독한 경쟁에서 살아남은 보람은 후회 없는 아쉬움만 있는 것은 아니지 아니한가. 남은 삶이 지나온 날에 부끄럽지 아니해야 할 것 같다.

만나면 헤어질 수밖에 없는 숙명을 지닌 인간이 매사를 정해진 약속의 틀 속에 맞추어 살 수는 없는 일이다. 비록 지키지 못할 약속, 어길 수밖에 없는 약속에 속상하더라도 패배로 단정 짓지는 말아야 한다.

경쟁과 긴장의 생활에 지친 오늘을 욕심 없이 사는 여유로운 마음을 남은 생애에 마중물 같은 신선한 역할을 할 수는 없을까.

약속을 약속처럼 지키지 못한 아쉬움과 번거로운 생활에 잠시 나를 잊어버린 듯한 친구의 변해버린 모습에 나의 현재를 돌아본다.

어차피 함께 가야하는 '공동체' 같은 동행이 아닌가. 실망하거나 좌절하지 말자. 그리고 오늘의 정확한 좌표를 밝혀 내 자리를 찾아야겠다.

한 여름, 햇살에 눈부신 흰 구름 한 덩이가 한가롭게 하늘 한가운데 떠있다.

무서운 사람

세상에서 제일 무서운 사람은 어떤 사람일까.

좀 오래된 이야기다. 막걸리 잔을 앞에 두고 심심파적으로 시작된 화두였다.

살아가다 보면, 만나서 기쁘고 즐거운 사람이 있는가 하면, 만나기가 두렵고 무서운 사람이 있기 마련이다. 그 중에 어떤 사람이 제일 무서운 사람인가를 두고 이야기가 시작되었다.

이런 사람은 어떻고, 저런 사람은 어떻다는 둥 이야기는 꼬리를 물었고, 끝말잇기처럼 분분하게 이어졌다. 금방 끝날 것 같던 이야기가 쉽게 마무리되지 아니했다. 이야기 속에 빨려들 듯 몰두했다. 그러다가 마무리된 결론은 참으로 어처구니없는 것이었다. 기대와는 완전히 어긋난 것이었다. 주변에서 흔히 듣고, 보고, 겪는 사소한 것이었다.

첫째. 스스로 무식하다는 사람이 무서운 사람이다.

자기는 무식해서 아무것도 모른다는 사람이 무서운 사람 중에서도 가장 무서운 사람이라는 결론이었다.

그들은 입장이 어렵거나 힘든 일이 생기면 잘 모르겠다고 슬며시 꽁무니를 뺀다. 조건이 어려운 일은 무식해서 할 수 없다고 시치미를 뗀다. 이런 사람일수록 모든 일은 자기중심으로 처리한다.

자기 판단에 맞지 아니한 일은 아예 무시한다. 상대방이 옳다는 것을 알아도 결코 물러서지 아니한다. 자기주장이 밀리면 무식해서 이해할 수 없는 일이라고 버틴다.

스스로 무식하다는 사람치고 고집 없는 사람이 없다. 자기주장을 합리화하는데 '무식'이라는 무기를 앞세운다. 옳고, 그름을 알면서도 인정하지 아니한다. 그냥 상대를 밀어붙인다. 법이나 규정 같은 절차는 무식해서 모른다는 데는 할 말이 없다. 그저 상대방이 지치도록 한다. 어떻게 해 볼 방도가 없다.

김과장은 당당한 신사다. 훤칠한 키에 시원한 이마, 흠 잡을 데 없다. 그에 더하여 사근사근한 붙임성 있는 성품은 누구나 호감을 가진다.

그러나 한 번 그와 토론을 하였거나 다툼을 벌렸던 사람들은 모두 고개를 내두른다. 그의 고집에 기가 막혀, 무서운 사람이란 것이다.

그는 언제나 무식해서 모르겠다는 것을 전제로 한다. 그러면서도 자기주장을 거두는 일이 없다. 모든 사람들이 동의하는 일도 끝내 버틴다. 무식해서 이해할 수 없다는 고집을 꺾을 수 없다. 끝내 손을 들 수밖에 없다.

따로 만난 자리에서 왜 그렇게 고집을 피우느냐고 힐난을 하면 "한 번 주장을 폈으면 끝장을 보아야지, 중간에 포기할 수 없다"면서 씩

웃는 것이었다. 자기가 옳지 아니하다는 것을 알고 있는 것이다. 알면서도 물러설 수 없다는 고집을 꺾을 수 없었다.

오늘도 그는 무식해서 모른다는 칼날을 휘두른다. 무서워도 보통 무서운 사람이 아니다. 참 기가 찰 노릇이다.

둘째, 법대로 하자는 사람이 무서운 사람이다.

마을마다 목청 높은 사람이 있기 마련이다. 그들은 자기가 마을의 터줏대감이고, 주인이라고 자처한다. 또 그들은 어느 곳의 아무개, 어느 기관의 누구와 막역한 사이라고 내세운다. 자기 과시와 자신감에 당당하다.

마을의 모든 의견은 당연히 자기를 중심으로 모아져야 한다고 목청을 높인다. 뜻을 달리하는 일은 있을 수 없는 일이다. 훼방을 놓거나 맞서는 일은 그냥 두고 보지를 못한다. 배신자는 용서할 수 없는 일이고, 보복을 받아야한다고 몰아붙인다. 그리고는 기어이 작은 꼬투리나 허물이라도 잡아서는 고소 고발을 해 버린다.

법이 얼마나 무서운 것인지 본때를 보아야한다고 핏대를 세운다.

보통, 사람들은 송사 벌리기를 좋아하지 아니한다. 특히 고소 고발 사건에 연루된다는 것을 엄청 곤혹스러워한다. 죄가 있고, 없고는 나중의 일이다. 허물이 깨끗하게 벗겨진다고 하더라도 그동안의 고통이 여간 아니다. 우선 피곤하다. 그들은 이런 점을 교묘하게 이용한다. 상대방이 힘들어 할수록 고소해 한다. 그리고는 중간 조정자를 자처하고 생색을 낸다. 또한 실속을 다 챙긴다.

대화를 하면 아니 되는 것이 없는 것이 세상사이다. 서로 이해하고 존중하면 모두 편안하다. 그러나 핑계와 구실을 만들면 높은 벽이 쌓인다.

모든 일을 법대로 하자고 윽박지르면 우선 답답하다. 대화가 막힐 수밖에 없다. 법이 무서운 줄 알아야 한다고 큰소리치고, 고소 고발부터 벌리면 우선 막막하다. 법이란 굴레에 갇혀 벗어나지 못한다.

괴로워하고 힘들어하는 사람들 뒤편에 서서 자기과시와 자기만족에 혀를 내미는 사람, 무서워도 엄청 무서운 사람이다.

셋째. 너 죽고 나 죽자는 사람이다.

세상은 많은 사람들이 어울려 살아가는 곳이다. 더불어 산다는 것은 서로 살아남기 위한 다툼이 벌어지는 곳이다. 생존경쟁은 내가 살아남는다는 것을 전제로 한다. 나는 꼭 살아남겠다는 싸움은 언제나 허점투성이다. 살겠다는 욕심에는 빈틈이 있기 마련이다. 그래서 맞서 볼 여유가 있다. 그러나 너 죽고 나 죽자는 몬도가네식 싸움에는 어찌해볼 방도가 없다.

달리기경주에서 앞서가는 사람을 따라 잡을 수 없다고 발을 걸어 넘어트리면, 그 사람이 탈락하는 것은 당연하다. 어차피 따라 잡을 수 없으니 너만 살아갈 수 없다는 그 심보를 어찌해 볼 것인가.

막다른 골목에서는 쥐가 고양이를 문다고 했다. 개도 도망갈 길을 보고 쫓는 법이다. 퇴로가 막힌 막다른 골목에서는 예상하지 못했던 어떤 일이 벌어질지 가늠할 수 없는 일이다.

너 죽고 나 죽자는 싸움은 얼핏 보면 허술하고 어설프다. 그 허점이 함정이다. 빈틈없이 짜여진 여정에서는 생각지도 못했던 어려움이 따른다. 쉽게 대응하지 못한다. 그것 때문에 일을 망치게 된다. 허점투성이라고 보아오던 막다른 싸움에서는 이겨도, 져도 그것이 그것이다. 어차피 너 죽고 나 죽자는 것이니 손해고 득이고 따로 없는 일이다.

얼마나 무서운 계산법인가. 소름 끼치는 두려움에 찬바람이 인다.

우리는 주어진 운명대로 살아간다. 산다는 것은 조각조각 나누어진 퍼즐을 맞추어 가는 과정일지 모른다.

묘한 인연으로 이어져 있는 것이 세상이다. 정해진 차례대로, 퍼즐을 맞추어 가듯 매일 수 많은 사람들을 만난다. 살아가노라면 꼭 만나고 싶은 그리운 사람이 있는가 하면, 피하고 싶은 인연도 있기 마련이다.

보고 싶은 사람을 만난다는 것은 행운에 속한다. 그러나 피하고 싶은 사람을 생각지도 못한 길목에서 꼭 마주치기 마련이다.

나는 그들의 눈에 어떤 모습으로 비추어 질까.

그립고 반가운 인연으로 만났으면 좋겠다. 피하고 싶은 무서운 사람으로 내몰리는 일이 없었으면 하고 빈다.

머슴과 식모

깜짝 놀랄 소식이었다.

원앙부부로 소문난 그들 부부 사이가 벌어지고 있다는 소문이었다. 믿을 수 없는 소문이었다. 그것도 아주 심각하다는 것이었다.

그는 언제나 자신에 차 있었다. 싱싱한 푸새처럼 발랄하고 모든 일에 자신만만했다. 아래, 위를 살필 줄 알았고, 어떤 힘든 일이라도 매끄럽게 처리했다. 누구라도 쉽게 미워할 수 없는 사람이었다.

부인 또한 붙임성 있는 사람이었다. 수줍은 듯 귀여운 웃음이 항상 입가에 맴 도는 싱냥스러운 모습이었다. 남편과 아이들 뒷바라지에도 소홀함이 없었다. 집안도 상큼하리만치 깔끔했다. 언제 보아도 웃고 있었다.

소문난 잉꼬부부라고 불리기에 손색이 없었다. 그 부부 사이에 웃음이 사라졌을 뿐 아니라 얼굴도 서로 마주하지 아니한다는 것이었다. 냉랭한 찬바람이 그대로 파국으로 이어질 것 같다는 안타까운 소식이었다. 기가 찰 노릇이었다.

사달은 직장에서부터 벌어졌다. 그는 이번 인사에서 당연히 승진할 것으로 믿었다. 모두 그의 승진을 기정사실로 알고 있었다. 그게 잘못되었다. 평판도 좋지 못한 후배 중에서도 한참 후배가 승진이 되고, 그는 한직으로 밀려난 것이었다. 기대가 큰 만큼 실망도 컸다. 혼자 있고 싶었다. 고주망태가 되어 밤을 지새웠다. 전에 없던 일이었다.

그는 외로웠다. 누구에게라도 의지하고 싶었다. 답답한 속마음을 털어 놓고 하소연하고 싶었다. 그러나 그의 아내는 그의 말에 귀 기울이지 아니했다. 도리어 발끈했다. 한마디 말도 없이 외박을 하는 남편을 받아들일 수 없다는 것이었다. 술타령과 외박, 완전히 아내와 가정을 무시하는 일이라고 타박을 했다. 한 번 벌어진 틈새는 제자리로 돌아가지 아니했다. 마음들은 점점 더 멀어져 갔다.

문득, 지나온 나날이 너무 허허로웠다. 직장과 가정만이 전부라고 생각했다. 그러나 막상 뒤돌아본 주변에는 아무도 없었다. 거대한 기계 속의 작은 톱니바퀴 같은 기능도 못한 것 같았다. 돈 버는 기계, 일벌레 같은 구실에 지나지 아니했다. 암울하고 막막했다. 가장이라기보다는 차라리 머슴이란 게 옳다는 생각에 울컥했다.

아내는 아내대로 기가 찼다. 남편과 아이가 전부라고 살아온 세월이었다. 벌써 중년으로 넘어선 세월, 얼굴에는 주름이 새겨지고 피부는 탄력을 잃었다. 정을 붙이고 살아오던 남편도, 아이도 이미 품을 떠났다. 주변사람들 모두가 낯선 사람 같았다. 취미 교실이다 무슨 모임이다 하면서 모두 활기에 넘쳐 있었다. 하나같이 얼굴에는 윤기가 흐르고 자신에 넘쳐 있었다. 외딴섬에 혼자 버려진 것 같았다. 텅 빈 가슴에 커다란 구멍이 뚫린 것 같은 허망함에 아무것도 손에 잡히지 않았다. 밥하고 빨래하고 집을 지키는 식모살이가 지겨웠다.

머슴과 식모가 만난 집안에는 따뜻한 온기가 없었다. 모든 게 냉랭하고 썰렁하기만 했다.

부부는 모든 정서를 공유해야한다. 기쁨도 같이하고 슬픔도 함께해야 한다. 서로 격려하고 고마워하고 감사해야한다. 부족한 것을 보완하는 마음을 가질 때 화목해진다. 손을 마주잡고, 보듬어주는 따뜻한 체온을 함께하면 행복해진다. 서로 만지고 접촉할 수 없으면 공유하는 정서는 허물어진다. 정서를 같이 하지 못하면 이미 부부의 정은 금이 가기 시작했다고 보아야한다.

단감농사를 짓는 농부의 말에 따르면 고목에 열린 단감과 어린나무의 단감 맛이 다르다고 한다. 고목나무의 단감은 과육이 아삭아삭하지도 아니할 뿐 아니라 단맛도 떨어진다는 것이다. 그래서 고목은 해마다 묵은 가지를 잘라내고 전지를 해야 좋은 열매를 맺는다고 한다. 사람도 무딘 신경을 바로 잡기 위해서는 전지를 하듯 새로운 자극을 주고 환경을 가꾸어 주어야 한다.

서로 좋아하는 것인지, 싫어하는 것인지를 구별하지 못한다면 이미 부부이 길은 이긋나기 시삭한 것이다. 부부는 서로 시선을 한 곳에 모우고 손을 맞잡을 수 있어야한다.

바다를 건너는 뱃길이 언제나 순탄할 수 없다. 뱃머리는 언제나 크고 작은 파도에 시달린다. 파도를 벗어나려고 아무리 애를 쓰고 속력을 높여도 파도를 앞설 수 없다. 파도는 언제나 저 앞에 있기 마련이다. 파도는 결코 겹쳐지지 아니한다.

오늘의 길이 힘들고, 외롭고 안쓰럽다하여도 결코 벗어날 수 없는 일이다. 서로 격려하고 따뜻한 마음을 잃지 아니하려는 자신과의 싸움에서 이겨야한다. 어차피 삶은 시련의 연속이 아니던가.

채근담에 이르기를 '시련을 맞아 좌절하면 지옥을 맛보고, 시련을 극복하면 천국을 맛본다' 고 했다.

패배를 경험하지 아니한 사람은 승취의 진정한 값을 모른다. 지난날의 오욕에서 벗어나지 못하고 쓰라린 것만 기억하는 지옥에 갇혀 있다면 앞으로 나아갈 수 없다.

현재에 안주하다보면 변화를 싫어한다. 나이를 먹었다고 새로운 세상에 맞서기를 두려워하면 고목나무의 열매처럼 제 맛을 잃기 마련이다. 절로 관심에서 벗어난다.

남편과 아내는 부부라는 이름으로 만났다. 부부는 윤회하는 억겁의 인연으로 맺어진다. 한시도 소홀할 수 없는 인연이다. 원만한 부부는 두 사람만의 우주를 이룬다.

마을 앞 동구에 있는 당산나무는 언제나 똑같은 모습이다. 그러나 생각에 따라 모습이 달라 보인다. 여름철에는 마을 풍치를 돋보이게 하고 시원한 그늘을 준다고 고마워하다가도, 겨울철이면 마을에 그늘을 지우고 잎 떨어진 앙상한 가지가 마을 모습을 을씨년스럽게 한다고 불평한다. 모두 우리들 마음이다.

머슴과 식모가 만났다 하더라도 뜻을 모우면 새로운 인연이 된다. 마음의 문을 열고 따뜻하게 서로 보듬어 주면 쓸모없다고 버려졌던 늙은 고목이 신목神木으로 새롭게 태어난다. 서로 격려하고, 고마워하고, 감사하는 마음은 자연의 섭리 같은 아름다운 마음이다. 세상을 바꾸는 강력한 빛이 된다. 메말라가는 세상에 청량음료 같은 신선한 활력을 불어 넣어보자.

모든 게 우리들 마음에 달려있다.

그들, 부부가 따뜻한 웃음을 되찾기를 빈다.

변명

"안 돼! 용서할 수 없어. 모두 싹 쓸어버려야 해!"

갑자기 비분강개한 목소리가 좌중을 압도했다. 친목회원들이 모인 회식 장소에서였다.

무더위가 기승을 부리는 한낮. 가만히 있어도 진땀이 흐르는 판에 밑도 끝도 없는 논쟁에 숨이 막혔다.

처음은 비극적인 세월호의 침몰사고에 모두 가슴 아파했다. 안타까움에서 가볍게 시작된 이야기였다. 그러다가 왜 이런 엄청난 일이 일어났고, 서둘러 마무리하지 못하는 이유가 무엇 때문일까 하는데까지 이야기가 미치면서 쉽게 마무리되지 못했다.

저마다 쏟아놓는 이야기는 중구난방이었다. 사건의 원인과 결과를 누가 책임져야 하는 문제를 두고는 엉뚱한 데로 비화되고 있었다. 끝내 서로 감정이 격화되기 시작했다. 모두 자기주장이 옳다는 고집이었다.

격한 감정이 팽팽하게 열을 올릴 때였다. 쉽게 끝나지 아니할 다툼을 마무리 짓듯 한 친구가 목소리를 높인 것이었다. 평소 자기만이 옳다는 다혈질적인 친구였다.

그는 세월호 침몰의 책임을 원인과 마무리 모두 공직자들 탓이라 단정 지어 말했다. 더욱이 공직자들이 엄청난 책임이 있는데도 반성할 줄 모른다는 주장이었다. 슬그머니 꼬리를 내리고 책임을 미루는 짓들이 용서될 수 없다는 것이었다.

그냥 둘 수 없다고 했다. 위로는 총체적인 책임을 지고 국가 원수로부터 말단에 이르기까지 모두 싹 쓸어버려야 한다는 주장이었다. 공직자라는 이름을 가진 자는 한 사람도 남겨서는 아니 된다고 목소리를 높였다. 가히 폭탄적인 선언이었다.

어안이 벙벙했다. 모든 공직자를 한 사람도 남겨서는 아니 된다는 주장에 할 말을 잃었다.

아무리 무겁고 엄중한 책임이 있다고 하더라도 국가 전체 공직자를 깡그리 쓸어버려야 한다는 말은 엄청난 비약이었다. 혁명적인 이야기였다.

만일 이 땅의 모든 공직자가 일시에 물러난다면 어떻게 될까. 공직자가 없는 세상, 국가가 가능할까. 하루라도 국민들이 안심하고 살 수 있을까. 통제되지 아니한 무질서가 판을 친다면 어떻게 될까. 최소한의 규제와 통제가 없고, 질서의 중심을 지탱해 줄 장치가 없다면 공동화된 세상이 어떻게 될까. 전혀 해답이 없는 문제였다.

되짚어 보면, 우리가 제대로 밥을 먹고 산다는 것이 그렇게 오래된 세월이 아니다. 70년대까지만 하여도 보릿고개를 넘는 일이 얼마나 힘들고 고달팠던가. 그 세월을 넘어 오늘이 있기까지에는 너무도 고통스러웠다. 조국근대화의 기치를 들고 허리띠를 졸라매던 그 시절, 그 중심에는 언제나 공직자들이 있었다. '민족중흥의 역사적 사명을 띠고' 긍지와 자부심으로 버티어 온 그들이 있었기에 오늘의 번영이 있는 것이 아닐까.

그 세월이 얼마나 흘렀다고 오늘, 긍지와 자부심으로 자랑스러워하던 그들을 쓸어버리고 도태되어야 할 대상이 되어 버렸을까. 생각만으로도 안쓰럽고 비참하다.

미꾸라지 한 마리가 우물물을 흐리게 한다고 했다. 특정인의 잘못 때문이라고 돌아앉아 보아야 될 일이 아니다. 혼자 독야청청한다고 버티어도 소용이 없다. 어차피 같은 배를 탄 공동운명체다.

어쩌다가 모두에게 버림받을 대상이 되었을까. 어디서부터 삐뚤어진 것일까. 기가 찰 노릇이었다. 그 옛날의 자랑스럽던 모습으로 되돌려 놓을 수 있는 묘수가 없는 것일까.

아무리 애를 써도 헛일이다. 별 뾰족한 방법이 나올 리 없는 일이다. 서로 마음을 터놓고, 상대방을 인정하지 아니한데 어떻게 길을 찾을 수 있을까.

공직자는 우리 시대를 이끌어 온 선택된 엘리트 집단이라고 자부해 왔다. 자랑스럽던 그들이 어쩌다가 하루아침에 이 지경까지 추락해 버렸을까. 쓸어버리고 싶을 만큼 지탄받을 대상으로 내몰렸다는 일이 참으로 한심스러웠다.

그렇다고 하더라도 공직자 모두가 그렇게 잘못에 빠져버린 것은 아니라고 생각한다. 극소수의 공직자의 잘못 때문에 모두가 매도된다는 것은 안타까운 일이었다. 주민들도 전체 공직자를 몽땅 쓸어버려야 할 만큼 잘못된 집단으로 생각하지 아니한다고 믿고 싶다. 다만 엄청난 사고 때문에 빚어진 일시적인 충격 때문이 아닐까.

주민들과 공직자의 관계가 평소에도 항상 적대시하는 사이는 아니다. 서로 부족한 부분을 보듬어주는 따뜻한 사이였다. 우리가 살아가는 주변에는 언제나 자질구레한 일들이 생기기 마련이었다. 그때마다 주민들은 관청을 찾는 보완관계다. 일이 제대로 잘 풀리지 아니하거나 답답한 일이 생기면 의논할 상대를 찾는다. 그래서 주민과 공직자의 관계가 끈끈하게 이어져 왔다.

그들은 일이 잘 풀리고 해결되기를 바라지마는 때로는 잘 아니 될 것을 알면서도 찾는다. 서로 속을 터놓고 의논하고 하소연하고 싶은 답답한 마음을 풀어줄 상대이기 때문이다.

공직자들은 매일 찾아오는 그들이 무엇 때문에 오는지를 잘 안다. 그렇다고 그들의 말을 막으면 아니 된다. 귀찮다고, 번거롭다고, 내용을 잘 알고 있다고 피하고 멀리하면 그들이 갈 곳이 없다. 좌절하고 만다.

민원 일선에 있는 공직자들은 우선 주민의 말을 들을 줄 알아야한다. 어제 들었던 이야기를 오늘 되풀이 하더라도 들어주어야한다. 그들의 말을 끝까지 들어주는 인내를 배워야한다. 주민들은 자기 말을 끝까지 들어주는 친절을 바란다. 일이 잘되고, 잘못되고 하는 일은 그 다음 문제다. 답답한 속 이야기를 우선할 수 있는 상대가 있는 것에 흡족해 한다.

잠시를 참지 못하면 호미로 막을 일을 가래로도 못 막는 경우를 흔히 본다.

서로 미워하고 욕한다는 것은 역설적으로 상대에 대한 관심이 있다는 뜻이라고 했다. 관심이 없다면 상대가 무엇을 하던 무슨 상관이 있을까.

비극적인 사건이 아직도 마무리되지 못했다. 벌써 6개월의 세월이 흘렀다. 이제 되돌아볼 수 있는 마음의 여유가 있는 시간이 아닐까.

서로의 가슴을 열고, 상대의 입장에서 마주 앉으면 아니 될 일이 없다. 모든 사람들의 가슴에 드리워진 답답한 장막이 하루빨리 거두어 지기를 빈다.

5부 고향 밀양

남천강변에 서서

강가에 섰다.

아름드리 강돌을 가지런히 쌓아올린 축대 가득히 강물은 팽팽하게 실렸다. 눈부신 햇살은 물길을 거슬러 반짝이면서 건너편 솔밭과 둑길에 그림자를 드리웠고, 작은 물결은 물안개 피우듯 바람 따라 흔들리며 너울이 겹친다.

강가로 내려가는 길은 대밭에서 강기슭까지 뻗어난 바위로 미끄럽다. 그 바위 곳곳에 새겨진 석화石花.

억섭의 세월 속에 새겨진 장미꽃 모양의 바위 무늬…. 석화도 이제는 오랜 풍화와 사람들의 발길에 시달려 바스라지는 아픔을 겪고 있는 건가.

벼락을 맞아 속이 불타버렸다는 서너 아름이 넘는 속 빈 느티나무의 이파리가 햇살에 반짝인다. 혹심한 겨울 추위에 말라버렸을 거라는 걱정을 비웃듯 메마르고 속이 텅 빈 아픔을 감추고 남보다 먼저 잎 새를 틔우고, 오늘도 청청하다. 아랑각 막돌 담장과는 너무도 잘 어울리는 정경이다.

끌리듯 축대 끝으로 다가섰다가 금방 튕기듯 물러서고 만다. 강물은 수중보水中洑에 갇혀 축대 가장자리까지 호수처럼 가득히 실렸고 간지르듯 물 위를 스쳐가는 바람 따라 보일 듯 말 듯 출렁인다. 푸르른 하늘과 한가롭게 두둥실 떠있는 뭉게구름의 그림자에 가려 미처 깨닫지 못한 탓인가. 사람들의 욕심에 밀려 가두어진 강물은 그렇게 맑지 못하다. 작은 부유물들이 가득하게 흐려져 뿌연 강물은 강바닥이 보이지 아니했고, 정겹게 노닐던 피라미들은 모습을 감추었다. 생활 수준이 좀 나아지고 먹고 살기가 넉넉해진 탓에 더 편리하고 쾌적한 생활환경을 만든답시고 사람들은 자연을 마구 파헤치고 회색 시멘트로 땜질해 왔다. 그럴수록 흙내음은 점점 멀어지고 편리주의에 밀려 자연은 자취를 감추어 갔다.

강바닥의 돌, 자갈이 하나하나가 헤아릴 수 있을 만큼 맑고 투명했던 그 시절, 무턱대고 덤벙대며 물속으로 뛰어들면 물풀은 무릎에 감기고, 놀라 흐트러졌던 피라미들이 종아리를 쪼으면서 다시 몰려오곤 했다. 잡풀 사이로 물결 따라 작은 모래알이 구르고, 옥같이 반들반들 빛나는 자갈 사이에는 송사리 떼가 몰려다녔다.

이제 그들이 밀려난 자리에는 인공으로 도배된 개발과 편리만 남았다.

남천강南川江에서 일 년 내내 빨래하던 아낙들의 낭낭한 웃음소리와 청아한 빨랫방망이 소리를 이제 듣지 못하는게 순전히 세탁기의 보급 탓만은 아니라는 아쉬움이 남는다. 그날의 향수를 버릴 수 없음은 단순히 자연에 대한 그리움만을 탓해만 하는가….

강 건너편 고수부지에는 한 떼의 아이들이 술래잡기를 하듯 쫓고 쫓기며 놀고 있다. 그 사이로는 많은 사람들이 운동을 하느라고 여염이 없다.

고수부지는 강바닥보다 3m쯤이나 높게 옹벽이 설치되어 있고, 잘 가꾼 잔디 위에 야외공연장과 생활체육공원으로 가꾸어졌다. 키가 큰 대목大木 소나무가 듬성듬성 서 있는 사이로 큰 반석盤石을 배치하여 자연스러움을 두드러지게 다듬었다.

시멘트 벽 속에 갇혀 하루하루 생활에 쫓기며 흙냄새가 그리운 사람들이 새벽부터 밤늦게까지 붐빈다. 강 한가운데 설치된 수중 분수대에서 뿜어내는 시원한 물줄기에 고수부지는 물과 바위, 소나무 그리고 주변의 경관이 정원처럼 잘 가꾸어진 풍광風光을 자랑한다.

그러나 너무 완벽한 조형미에 오히려 무엇인가 한쪽이 비어버린 듯한 아쉬움이 남는다.

그때는 그랬다. 지금처럼 옹벽도 없었고, 잘 가꾸어진 잔디밭도 없었다. 올망졸망한 강돌이 질펀하게 지천으로 널려 있고 억새풀과 어울린 갯가였다.

빠르게 흐르는 강물에는 하루 종일 햇살이 반짝이고, 밤에는 달빛과 별빛이 흘렀다.

새벽 물안개 너머로 첫사랑처럼 햇살이 찾아오면 노을은 수줍은 새색시 볼처럼 붉게 물들었다.

그 가운데서도 아랑제의 추억은 지울 수 없는 꿈이었다.

움푹진푹한 강바닥은 손과 삽으로 구덩이를 매우고 평평하게 다졌다. 그리고 이곳에서 영남루와 남천강을 배경으로 문화제의 전야제와 초야제 등이 치루어 졌다.

음력 4월 보름께의 휘영청 밝은 달이 사위를 밝히는 가운데 횃불을 올리고 모닥불을 피우며 벌리는 신명난 춤판은 볼거리가 없고 삶에 지치고 고달팠던 그 시절, 서민들의 신을 풀고 마음속에 맺힌 한恨을 달래기에 충분했다. 그래서 온 고장 사람들이 모두 들고 나서서 한데 어울렸고 청소년과 학생들에게 평생 지니고 가는 꿈을 심어 주었다.

그 중에서도 백미白眉는 남천 강변의 횃불놀이와 유등流燈놀이였다. 남천강 기슭을 따라 줄지어 늘어선 활활 타오르는 횃불 사이를 비집고, 바가지에 촛불을 밝힌 수백 개의 유등이 휘황한 달빛과 쏟아질 것 같은 별빛에 어울려 강물 따라 흐르는 정경…. 그건 정녕 화려한 꿈이었다. 우린 모두 두 손을 가슴에 모우고 모든 근심과 한恨을 촛불과 더불어 멀리 강물 따라 흘려보내고 소원이 이루어지기를 빌었다.

그 시절에는 오늘날과 같은 그 흔한 불꽃도 없었고, 휘황한 스포트라이트도 없었다. 오직 횃불을 올리고 모닥불을 피워 사위를 밝혔다. 그래도 불편한 줄 몰랐고 온 마을 사람들이 한데 어울려 고난과 설움을 잊고 한을 푸는 신명난 춤판을 벌리는 축제였다.

잘 가꾸어진 고수부지에는 야외무대가 설치되었고, 대낮보다 밝은 조명등에 수백 발의 불꽃놀이의 섬광이 밤하늘을 형형색색으로 수놓는다. 그러나 모두 함께 어울리는 신명이 없고 눈으로 보는 시각적인 즐거움이 있을 뿐이다. 휘황한 달빛과 쏟아질 것 같은 별빛은 대형 불꽃에 얼굴이 가려워졌고, 호수처럼 팽팽한 강물에는 더 이상 촛불이 흐르지 아니한다. 이보다 더 잘 가꿀 수 없는 완벽한 조형미를 갖춘 강가에 서서 지난날의 추억에만 젖어 있는 게 마냥 고루한 수구守舊의 탓이런가.

달빛이 교교하면 밀양교 다리를 감싸는 남천강 물결이 비단결 같았고, 깜깜한 밤 사위가 정적에 쌓이면 무턱대고 강물 속으로 뛰어들어 덤벙거리며 멱을 감고, 모래톱에 뒹굴던 그날을 생각하면서 저 멀리 솔밭 너머에서 불어오는 훈풍에 지그시 눈을 감는다.

고향 밀양 1
– 표충사

달려온 태백준령이 마지막 정기를 모으며 멈추어 선 곳, 천왕산과 재약산은 삼남 금강의 별칭이 부끄럽지 아니하는 절경을 자랑한다.

사자평은 천왕산과 재약산이 만나는 가장자리인 분지에 자리한 평원이다.

우거진 억새숲이 끝없이 펼쳐진 사자평 분지는 온갖 생명들이 살아 숨쉬는 자연의 보고이다.

곳곳에 널려있는 늪지에는 갖가지 야생화와 토종식물들이 지천으로 뿌리를 내리고 자태를 자랑한다. 도롱뇽과 하늘소 등 보호생물들이 어우러져 살고 있는 곳이다.

가을날, 풍덩 빠져버릴 것만 같은 하늘은 높고 푸르르다. 햇살에 반짝이는 새하얀 억새꽃이 가을바람에 물결처럼 출렁인다. 바람에 서걱대는 억새잎이 흔들리는 소리는 지절대는 산새소리와 어울려 멋진 교향곡을 연주한다.

융단처럼 펼쳐진 억새 숲에 한 겨울, 흰 눈이 쌓이면 억새꽃이 흰 눈인지, 흰 눈이 하얀 억새꽃인지 모두가 하나 되어 어울린다. 햇살에 부신 눈이 시리다.

표충사에서 천천히 걸어도 한 시간이면 정상까지 오를 수 있는 천왕봉과 사자평의 정취에 취하다 보면 절로 선경에 빠져든다. 표충사는 그 사자평을 중심으로 동쪽으로 옥류동천과 서쪽의 금강동천이 영롱한 무지개를 그리며 층층으로 떨어지던 옥류가 서로 포효하듯 달려와 얼싸안고 하나되는 둔덕에 자리한다.

사자평을 중심으로 병풍처럼 둘러선 기암괴석의 사이마다 울창한 숲과 옥수가 어우러진 한 폭의 동양화다. 골짜기마다 심유深幽하고 다양한 비경을 자랑한다. 오묘한 자연의 조화와 태백준령의 정기를 한 몸에 받고 선 표충사는 신라의 고찰이다.

화강암으로 다듬어진 축대와 돌기단 위의 대광전은 단층으로 된 팔작지붕에 웅장한 다포집이다.

석가여래좌상을 주불로 하고 아미타불과 약사여래불을 좌우에 거느린 삼존불을 모신 대광전과 명부전, 나한전 등 3법당을 중심으로 크고 작은 전각과 부속 건물들이 조화를 이루어 맵씨를 뽐낸다.

표충사는 원래 신라 고찰인 영정사靈井寺였다.

한때, 8법당 4륵전 17선방과 15암자를 거느린 동방제일선찰로서 그 위용을 자랑했었다. 그러나 세월 따라 조선의 숭유억불 정책과 더불어 퇴락을 거듭하는 동안 명맥만 남았었다.

헌종 5년(1839년) 임진왜란의 승병장이던 서산, 사명, 기허대사를 향배하고 있던 무안면 삼강동(현중산리)의 표충사表忠祠를 영정사로 옮겨 오면서 사당을 표충서원으로 바꾸고 절 이름도 표충사로 고쳐 오늘에 이른다.

불교 가람 안에 유교식 서원을 가진 유일한 사찰이다.

표충서원에서는 매년 춘, 추 두 차례 제향이 올려진다. 사찰 안에서 치루어지는 제향이 불교식의 법회가 아닌 게 특이하다. 제향의 주체도 일반 사액서원과 같이 관官으로부터 제향비를 지원받고, 관복을 입은 관원에 의해 치루어진다. 3헌배를 올리는 규식과 집행이 철저한 유교식이다. 이 규범은 지금도 그대로 지켜진다.

표충서원 앞에 있는 사명대사의 유물관에는 국보 75호인 표충사 청동함은향완表忠寺青銅含香琓을 비롯해 가사장삼(민속자료 29호) 등 문화재가 전시되어 있다. 임진왜란 때 사용했던 각종 영기와 마상도馬上刀 등 전쟁유품을 비롯해 다기茶器와 식기 등 생활용품까지 전래하는 대사의 유품을 모아 전시해 놓았다. 임진왜란 공신록과 각종 교지, 포로쇄한 문서와 사명집 등 문집과 책판, 탱화 등 대사와 관련된 다양한 유품 들을 한자리에서 볼 수 있는 곳이다.

사명대사의 크고 높은 위덕은 그의 생가지인 무안면 중산리까지 이어진다.

대사가 출가 할 때까지 살았던 생가지에는 조선 중류 양반집 형태의 생가가 복원되었고 공적을 새긴 행적비가 찾는 이를 맞이한다.

영취산을 중심으로 한 중산리 일대에는 구표충사를 비롯해 대법사, 영산정사 등 크고 작은 사암이 골짜기마다 자리한다. 최근에는 성보박물관이 들어서서 불교의 발자취를 한눈에 볼 수 있다. 더욱 세계 최대의 와불조성 불사가 이루어지는 등 새로운 불교 성지로 다듬어 지는 곳이다.

표충비각은 무안면 무안리에 있는 사명대사의 영당비를 말한다. 격자格子살로 사방을 막은 아름다운 단청비각 속에 보존되어 있는 표충비는 원래 삼비라고 불렀었다. 사명대사와 서산대사의 영당비명과 표충사表忠祠 사적기를 새겼다.

나라에 큰 일이 있을 때마다 땀을 흘린다고 하며 '땀 흘리는 비 (汗碑)' 로 더 알려진 비석이다.

밀양의 동쪽 끝인 표충사에서 서쪽 끝인 사명당 생가지를 이어주는 시역은 깊은 의미를 지닌 밀양의 축이다.

천왕산에서 발원한 산내천과 단장천이 구절양장처럼 굽이쳐 흐르는 곳곳이 명승지이다. 표충사와 얼음골을 비롯해 단장숲과 긴늪 솔밭이 함께 한다. 골짜기와 물길 따라 곳곳에 누정樓亭과 기암절벽이 다투어 시샘하듯 아름다움을 자랑한다. 빈지소와 월연정의 절경이 남천강 물길 따라 흘러 용두목과 삼문 송림에서 절정을 이룬다.

영남루를 마주한 부북면 사포리에는 조선 성리학의 태두이신 점필제 김종직 선생의 사액서원인 예림서원이 옛 모습을 의연하게 자랑한다. 잘 가꾸어진 선생의 생가지와 묘소墓所를 함께 만날 수 있다.

이 동·서의 축을 중심으로 밀양의 문화유산과 명승절경을 한눈에 볼 수 있는 곳이다.

어느 한 골짝, 한 기슭도 소홀할 수 없는 곳이다. 다시 돌아보고 아무리 자랑해도 다 할 수 없는 아쉬움이 남는다.

우리 밀양의 숨결이 배여 있는 자랑스러운 밀양의 축이다.

고향 밀양 2
- 밀양아리랑 대축제

우리 밀양은 아름다운 고장이다.

산이 높고 물이 맑아, 말 그대로 산자수명하다. 여기 더하여 인심 또한 따뜻한 고장이다.

영산靈山 화악산과 백두대간이 뻗어 내린 태백의 마지막 정기가 우뚝 솟은 재약산의 천황봉이 동서로 마주 서서 북쪽을 병풍처럼 막아 겨울의 찬바람을 막아준다. 거기서 뻗어난 능선은 용트림하듯 꿈틀거리며 좌우로 달려 나와 시가지를 안온하게 감싸 안는다.

천황봉과 운문산에서 달려온 남천강은 시가지의 한가운데로 유유히 흐른다. 그 너머 낙동강 유역의 사구砂丘인 삼각주의 기름진 평야는 끝 간 데 없이 펼쳐진다. 확 트인 남녘의 시원한 바람과 따뜻한 햇살은 일년 내내 따사롭다.

그래서 우리 밀양은 빽빽할 밀密 양陽, 이름 그대로 햇살이 가득한 고장이다. 하지만 우리 고장의 특색 있는 브랜드가 없는 게 아쉽다.

한마디 말로 확연하게 밀양을 떠올리는 향토색 짙은 표현이 생각나지 아니한다. 왈칵 눈물이 쏟아질 것 같은 그리움과 포곤함이 안아주는 따사롭게 살아있는 자랑거리가 그렇게도 없는 걸까.

영남루와 표충사 그리고 얼음골 등의 관광명소의 아름다운 자연을 노래하면 고향의 정겨움이 느껴질까. 구국 선승 사명대사와 성리학의 태두이신 점필제 김종직선생 등 역사적 인물을 내세우면 고향이 자랑스러워질까. 모두 고향을 대표하여 내세우기에 손색이 없다. 하지만 어쩐지 그것만으로는 한쪽이 빈 듯한 허전함을 지울 수 없다.

우리나라 3대 명루인 영남루만 해도 그렇다.

보물 147호인 영남루는 이조 후기의 웅장하면서도 아름다운 대표적인 건축물이다.

아동산에서 서쪽으로 뻗어 나온 능선이 남천강 가에서 멈추어 선 곳, 구릉처럼 펑퍼짐한 언덕 위에 우람한 자태를 자랑한다. 팔작지붕에 학鶴의 나래처럼 양쪽에 익루翼樓를 거느린 모습을 보면 볼수록 우아하다. 남천강의 넉넉한 물길에 자태를 드리우고 서서, 허공을 차듯 솟구쳐 뻗어난 추녀 끝에 눈이 시리다. 한 푼의 빈틈이나 어긋남이 없이 짜여진 공포와 도리, 흘러내리는 기왓장 한 조각에는 오묘한 건축미가 돋보인다. 푸르른 바탕의 은유한 단청은 유려하지 아니하다. 그래도 더 많은 것을 생각게 하는 깊은 감동과 무게를 준다.

어느 방향에서 보아도 영남루는 한결같이 같은 눈높이에 있다. 멀리서 보거나 가까이서 보거나 아름다움은 한결같다. 고개를 쳐들거나 눈을 아래로 낮추지 아니하여도 된다. 언제나 같은 모습으로 그 자리에서 위용을 자랑한다.

강을 거슬러 온 바람이 우거진 대숲을 지나면 댓잎의 서각대는 속삭임에 아랑의 전설이 어울린다. 아동산의 푸른 솔과 대나무의 어울림, 잡목의 짙은 푸르름은 한 폭의 그림이 된다.

두둥실 보름달이 밝은 밤이면 남천강에 또 하나의 달이 뜬다. 무봉암의 은은한 종소리에 실려 남천강에 흐르는 달빛은 더욱 교교하다. 용두산과 삼문동 솔밭에 철교 위를 달리는 기차의 굉음마저 한편의 교향곡이 된다.

하지만 영남루가 저 혼자 허허벌판이나 심심산골에 당그랗게 놓여 있었다면 지금처럼 은은한 단청의 아름다움을 느낄 수 있을까. 웅장하면서도 섬세한 건축미가 돋보일 수 있을까. 그 절묘한 조화에 절로 감탄을 멈출 수 없다.

둥둥둥… 지축을 뒤흔들 듯 힘찬 북소리가 신명에 겨워 기세를 올린다. 강가에 세워진 화톳불도 북소리에 맞추듯 맹렬하게 타 오른다.

백중, 음력 7월 보름날. 풍년을 비는 밀양백중놀이(중요무형문화재 68호)가 한창 신명에 겨워 춤춘다. 첫째 마당과 둘째 마당에서 벌리는 농신제와 양반춤, 병신춤으로 한껏 신명을 돋우었다. 하지만 백중놀이의 진수는 셋째 마당에서 벌이는 오북놀이가 진국이다.

다섯 명의 북재비가 큰북을 메고 나와 북 끈을 손목까지 꼬아 손으로 북을 받쳐든다. 힘을 다해 북을 치면서 기합소리에 맞추어 하늘로 솟구친다. 땀으로 범벅이 된 얼굴, 쇠말뚝 같은 구릿빛 팔뚝이 북을 받쳐든 모습에 힘이 넘친다.

신풀이 휘몰이장단이 잦아들면 절로 어깨춤이 덩실거리고 신명이 넘쳐난다.

여기 역사의 향기 스민 밀양 땅, 남천강 맑은 물에 은어떼 뛰놀고
국화향기 풍기는

– 밀양문화제 취지문 중에서

밀양 땅에 문화제의 축제가 열린지 어언 47회를 거듭했다. 그 가운데 30년이 '밀양아랑제' 였다. 아랑제 30년은 이 땅의 멋진 브랜드로, 터줏대감으로 자리매김해왔었다. 낙동강 유역의 민속문화를 되살려 오늘을 사는 지혜로 삼겠다는 향토 대표축제로 꽃피워 왔다. 전국 이느 곳에서도 '아랑제' 하면 밀양을 연상했고, 남천강과 영남루, 아랑의 전설을 떠올렸다. 그 토속적이고, 정감 어린 아랑제가 어느 날 홀연히 자취를 감추었다. 아랑제가 정순 아랑낭자의 제사 행사이기 때문에 향토의 대표 축제가 될 수 없고, 더욱이 우상을 숭배하는 제사에 참여할 수 없다는 반목과 갈등이 되풀이되었기 때문이다. 그래서 아무 정감도 없고 전국의 천편일률적인 특징 없는 문화제란 이름으로 쫓겨 갔었다.

그 실종되었던 아랑제가 이제 '밀양아리랑대축제' 라는 이름으로 되돌아왔다.

날 좀 보소 날 좀 보소 날 좀 보소
동지 섣달 꽃 본 듯이 날 좀 보소…

문득 경쾌하고 신명나는 밀양아리랑이 들려온다.

아리랑은 우리 민족의 노래다. 전국 곳곳에서 불려지는 아리랑은

지난날 격동의 시절, 우리 서민들의 고달프고 쓰라린 생활을 바탕에 깔고, 애절하고 슬픔이 배인 긴 가락으로 불리는 것이 보통이다.

밀양아리랑은 전혀 그와는 다른 경쾌한 신명을 바탕으로 한다. 그저 경쾌한 신명만 있는 것이 아니다.

동지섣달 꽃 본 듯이 나를 보아 달라는 간절한 소망이 담겨 있다. 정든님이 오시는데 선뜻 나서지 못하고 어른들의 등 뒤에 숨어서 치맛자락을 입에 물고 입만 방긋하는 은근함과 가슴 설레는 기대를 함께하는 안타까움이 있다. 경쾌하고 은근함, 안타까움과 소망이 절제된 조화에 밀양아리랑은 더욱 빛난다.

밀양아리랑은 한때 만주 벌판을 누비던 광복군의 '독립군 아리랑'으로 불렸었다. 그 아리랑이 오늘날 나라에 큰 경축행사나 문화 행사가 있을 때면 곧잘 축가로 불려진다. 밀양아리랑에는 그만큼 신명과 희망이 담겨 있기 때문이다.

이제 우리 고장의 자랑스러운 모습을 밀양아리랑의 가락 속에 함축하는 브랜드를 개발해 봄 직하지 아니한가.

휘영청 밝은 달이 온 누리를 환히 밝힌다. 교교한 달빛이 강바닥에서 달무리를 그린다. 미풍에 흐느적거리듯 이는 작은 물결이 모자이크하듯 강바닥에 그림자를 드리운다.

밀양아리랑의 힘찬 합창과 활기 넘치는 오복춤 장단에 한데 어울려 춤추는 신명난 고향을 만들어야 하겠다.

밀양은 아리랑의 고장이다.

밀양아리랑의 경쾌한 노래와 신명난 오북춤 장단에 정순 아랑의 슬픈 전설 속에 영남루와 남천강은 오늘도 청청하다.

고향 밀양 3

– 고향의 봄

고향의 봄은 물안개를 타고 온다.

멀리 아스라이 보이는 낙동강에서 물안개가 피어오르면 고향의 봄은 기지개를 켠다. 동태처럼 얼어붙었던 겨울의 등을 넘은 물안개가 남천강으로 거슬러 오르면 꽁꽁 닫혔던 봄의 문이 열린다.

싱그러운 봄을 등에 업은 물안개는 경부선 기찻길을 따라 강기슭을 거슬러 오른다. 숨 가쁘게 달려오던 물안개는 광탄廣灘의 깊은 소에서 잠시 숨을 고른다. 물속 깊숙이 숨었던 잉어 떼도 물안개를 마중하듯 물장구를 친다. 건너편 산 그림자도 물결에 실려 흥겨운 춤을 춘다. 상남평야를 덮은 비닐하우스에서 반짝이는 햇살이 부드럽게 물결에 일렁인다. 겨울 내내 움츠렸던 산비탈의 나뭇가지 끝에도 잎 그리운 푸르름이 비쳐들기 시작한다. 물안개가 용두산과 종남산이 마주 선 고향의 문턱을 넘어서면 이제 겨울은 숨을 곳이 없다.

고향의 중심에는 언제나 남천강이 자리한다.

고향의 산과 들은 모두 남천강에서 부챗살처럼 뻗어난 실개천으로 이어진다. 골자기마다 산자락을 헤집고 나온 심천옥수深泉玉水의 넉넉한 물줄기는 모두 남천강을 향해 달려온다. 심산준령의 신령스러운 산의 정기도 남천강에서 하나가 된다.

그래서 고향은 배산임수의 명당이고, 남천강은 밀양의 젖줄이다.

삼월의 햇살이 따사롭게 비친다. 반짝이는 햇살에 물결이 흔들리면 물 위에서 맴돌던 물안개도 떠날 채비를 한다. 산자락을 감쌌던 안개가 걷히면 산과 산 그림자와 남천강의 푸른 물이 하나의 그림이 된다.

산자락에 걸려 있던 안개가 서서히 걷힌다. 연극마당에 드리웠던 막이 올라가듯 안개가 아지랑이 따라 하늘로 올라간다. 이윽고 구름 속에 갇혀 있던 산이 풀려나고 모습을 드러낸다. 옹기종기 처마를 맞댄 초가집들의 앙증맞은 모습이 구름자락을 헤집고 얼굴을 내민다. 사랑하는 여인의 나신처럼 눈부신 푸르름이 새롭다. 나뭇가지마다 실타래처럼 걸려있던 구름자락도 서서히 물러갈 채비를 한다.

겨울 내내 홀랑 옷을 벗고 떨고 섰던 희색의 말라 비틀어졌던 나뭇가지마다 물기가 비친다. 살아 있다는 몸부림처럼 푸른색을 띄운다.

고향의 봄은 남천강변에서 유채꽃과 벚꽃이 어우러져 벌리는 꽃잔치에서 절정을 이룬다.

잡초만 우거진 강변의 자갈밭을 다듬어 유채밭으로 가꾸었다. 삼월의 바람이 불면 모진 추위를 이긴 유채가 꽃대를 세우고 꽃잎도 피우기 시작한다. 수줍은 시골소녀처럼 다소곳이 숙인 꽃잎이 부끄럽게 고개를 든다. 이윽고 겹겹이 뭉친 꽃망울들이 다투어 피면 강변은 금방 유채꽃으로 가득하다. 노란 융단을 펴듯 강변이 온통 노랗게 변한다.

제방 위에 촘촘히 늘어선 벚나무도 일제히 꽃망울을 터트린다. 세상을 노랗게 물들이는 유채꽃을 시샘하듯 분홍의 꽃망울이 한끝 부푼다. 아름드리 늙은 고목도 가지마다 꽃잎으로 화사하게 눈부시다. 분홍과 순백의 꽃망울과 꽃잎으로 하늘에 가득하다.

삼천여 평의 넓은 유채꽃과 이백여 미터나 되는 제방에 늘어선 벚꽃이 어우러진 정경은 그대로 장관이다. 실바람에 흔들리는 유채꽃 사이로 눈송이처럼 휘날리며 내리는 꽃잎의 향연…, 벚꽃과 유채꽃이 함께 어울리는 남천상의 푸른 물결, 한가로운 구름이 흐르는 물결에 드리워진 마암산의 그림자까지 모두 하나가 된다.

남천강을 향해 뻗어 있는 산자락을 하나씩 펼칠 때마다 새로운 계곡이 열린다.

양지 바른 비탈에는 어김없이 집들이 옹기종기 사이좋게 모여서 마을을 이룬다. 동구마다 느티나무가 버티고 섰고, 성황당이 마을을 지켜준다. 동구 밖 실개천의 얼음 밑에서 개울 물소리가 들리면 살구나무와 복숭아나무들이 꽃망울을 터트릴 채비를 한다.

얼룩배기 황소가 한가로이 풀을 뜯는 개천 둑을 건너면 푸른 보리밭이 펼쳐진다. 탐스럽게 자란 보리가 이랑 따라 실려오는 봄바람에 물결이 넘치듯 출렁이면 봄은 어느덧 무르익는다.

향긋한 풋내음이 풍겨오는 들녘, 보리밭 언덕을 지나면 비탈길 따라 찔레꽃 향기가 풍긴다. 그 사이마다 하얀 눈송이 같은 탐스러운 사리꽃이 지천으로 피어 있다. 달콤한 꽃내음과 향긋한 솔내음이 향기롭다.

까투리가 알을 품은 숲에서 장끼가 푸른 하늘로 날아오른다. 종달새는 보리밭 위에서 봄노래 부른다. 끼득거리는 산비둘기 소리에 맞추어 뻐꾸기가 목이 매인다. 온갖 새들의 요란한 지저귐은 숲이 봄을 향해 깨어나는 기지개소리다. 징검다리가 걸린 골짜기 개울물에 찔레 꽃잎이 실려온다.

산자락마다 할미꽃이 피고 진달래와 산수유가 꽃을 피우면 강 언덕에는 버들강아지 고갯짓 따라 창포가 새싹을 내민다. 민들레, 씀바퀴가 들길에서 싹을 틔우고 앙증맞은 들꽃들이 잡초 속에서 수줍은 고개를 든다. 피라미와 버들치와 모래무지가 은빛 비늘을 반짝이면서 물 위로 튀어 오르면 서산마루에 걸린 불타는 노을이 강물에 붉은 물감을 푼다.

산비탈의 나무들도 새 옷으로 치장을 한다. 연두색과 노란색, 푸르면서도 푸르지 아니한 제마다 제 독특한 색깔을 뿜어낸다. 꽃이 아니면서 꽃보다 더 아름다운 색깔을 뽐낸다.

마을과 산과 강과 둑과 들, 모두가 활짝 제 모습을 자랑한다.

- 嶺南樓 秋月 (영남루의 가을달빛)
- 舞鳳庵 晩鍾 (무봉암의 저녁 종소리)
- 凝川江 夕照 (응천강의 저녁노을)
- 龍頭 夜雨 (용두산의 비오는 밤)
- 三門 晴嵐 (삼문동의 봄 아지랑이)
- 南浦 歸船 (남포 포구의 돛단배)
- 沙浦 落雁 (사포의 기러기떼)
- 終南山 暮雪 (종남산의 봄눈)

밀양 팔경이다. 모두 남천강을 중심으로 이루어지는 절경이다.

남천강은 언제나 고향 밀양의 중심에 있다.

음력 4월 보름날, 아랑제향이 끝날 때쯤이면 4월의 보름달이 어김없이 아랑각 앞 늙은 고목 나뭇가지에 걸린다. 휘영청 밝은 달이 늙은 고목 나뭇가지를 아랑각 계단에 모자이크하듯 그림자를 드리운다.

남천강 강물과 달이 그토록 맑고 아름답다.

청보리가 익는 계절이 되면 풋보리 냄새 속에 고향의 봄은 이제 활짝 열린다.

고향 밀양 4
– 옛길

밀양은 옛날 한양으로 가는 교통의 요충지였다. 그 옛길의 길목에는 역마와 관속이 머물렀던 원院과 관關이 있었고, 봉수대가 있는가 하면 낙동강을 건너는 나루津도 있었다.

유서 깊은 옛길이, 오늘날 개발에 밀려 흔적마저 사라져간다. 이제 옛길을 기억하는 사람들도 거의 없는 형편이다. 잊혀지고 사라져 가는 옛길을 살펴본다.

밀양의 옛길은 삼랑진으로부터 시작된다.

삼랑진읍 송지리, 유유히 흐르던 낙동강이 응천강(밀양강)을 만나면서 갑자기 물길이 거칠어진다. 도도한 물길이 천태산 기슭의 가파른 절벽에 부딪히면서 용솟음치듯 소용돌이친다.

동래부에서 낙동강을 따라오던 한양가던 관도官道가 이 험준한 절벽으로 길이 나 있었다. 절벽이 너무 험준해서 까치만이 겨우 넘나들 수 있다고 해서 까치원鵲院이라 불렸다. 양산과의 경계지점에 겨우 사람이 드나들 수 있는 이 험준한 절벽 위에 작원관鵲院關을 세웠다. 작원관에서는 관도를 오가는 사람과 물자들을 검색했다. 또한 낙동강을 건너 김해 도요리都要里를 잇는 도요나루도 이곳에서 관장했다. 역마와 관속들이 머물었던 역驛, 원院과 관關, 그리고 진津의 구실을 함께 관장하던 곳이었다.

작원관은 고려시대부터 천태산의 험준한 암벽을 이용한 교통의 요충지였다. 문경새재의 조령관鳥嶺關과 더불어 한양과 영남을 잇는 2대 관문이었다.

삼랑진역에서 철길을 따라 부산쪽, 작원터널에서 약 5백미터쯤 내려가면 '소화 14년 10월' (1939년)이라고 비명이 새겨진 '鵲院關門基址' 라는 작은 비석을 만난다.

철길 옆, 강변 쪽 가장자리에 있는 이 작은 비석이 여기에 작원관이 있었던 옛터임을 말해준다. 철책을 세워 보호하고 있으나 잡초에 가려 마음먹고 찾아보지 아니하면 알아볼 수 없는 형편이다.

한양 가는 옛길, 관도와 작원관은 숱한 수난의 비운을 겪어야 했다.

그 첫 번째의 수난은 임진왜란 때로 거슬러 올라간다.

선조 25년(1592년) 4월 17일, 임진왜란 초기에 동래부를 함락시킨 왜장 소서행장小西行長이 파죽지세로 몰려 왔다. 이때 밀양부사 朴晋은 이곳 작원관에 진을 세우고 왜군을 맞았다. 불과 3백여 명의 병졸이 2만여 명의 왜군과 맞섰다.

험준한 지형을 이용해 결사 항쟁하는 박진 장군의 저항에 막힌 왜군은 더 나아가지 못했다. 작원관을 뚫지 못한 왜군은 양산 쪽으로 돌아 뒤쪽에서 쳐들어왔다. 앞뒤로 대군에 밀린 작원관은 끝내 견디지 못하고 무너진다.

비운의 작원관이 겪어야만 할 시련은 여기에서 끝나지 아니했다. 1906년 경부선 철길이 개통되면서 옛 관도와 작원관은 그 자리를 내주어야 했다. 철길에 밀려난 작원관이 옮겨간 곳이 하필이면 낙동강 낭떠러지 절벽 위였다. 한번 밀려난 비운은 끝내 작원관을 그대로 두지 아니했다. 1910년 경술년 대홍수 때 강비탈이 무너지면서 흙탕물 속으로 휩쓸려 가버렸다. 작원관의 모습이 영영 사라져 버린 것이었다. 다만 '鵲院' 이라는 현판 하나만이 오늘까지 남아 있어 옛날의 슬픈 기억을 되살리게 한다.

현재 작원 마을 입구에 있는 지방문화재 자료 73호인 작원관 복원은 1995년에 건립된 것이다.

이곳 송지리 출신으로 평생을 작원관 복원을 위해 애쓰시던 耕雲 宋萬述 님의 생전의 염원과 읍민들의 정성으로 복원관을 세우고 그 사연을 비에 새겨 오늘에 기억하게 한다. 수난과 비운의 역사를 지닌 작원관은 이제 세월에 닫혀 그 내력마저 잊혀져 간다.

작원관을 지난 관도는 송지리를 거쳐 낙동洛東이라 불리는 삼랑리三浪里로 이어진다.

삼랑리는 낙동강의 강변 마을이다. 낙동강 본류와 응천강밀양강)이 부딪히면서 세 방향에서 물결이 인다고 해서 삼랑리라는 지명이 생겼다고 한다.

옛날부터 삼랑진 나루는 유명했다. 경상우도에서 경상좌도를 이어주는 수운의 요충지였다. 오늘날 육운교통이 발달하기 전만 해도 낙동강 선창에는 삼랑진 나루를 중심으로 오우진나루, 도우진나루,

석재진나루 등이 낙동강 건너편 김해와 상남면을 이어주는 수운의 중심지였다.

삼랑리에는 나루만 있는 것이 아니었다. 조선 후기 경상도 삼조창三漕倉의 하나인 후조창이 있던 곳이다. 밀양과 양산, 창녕 등 인근 7개 군현의 조세를 징수하여 보관했다가 배편으로 남해와 서해를 돌아 한양으로 가는 뱃길의 시발지였다. 선창 주변으로는 객주집, 여인숙, 난장 등이 즐비했고, 소전까지 갖춘 중심지였다. 80년대 초까지만 해도 낙동강을 건네주는 도선이 있었다. 지금도 마을 안에는 조창과 관련된 시낭과 송덕비가 남아 있다.

삼랑진나루와 객주집들이 번창했던 영화를 뒤로한 관도가 배봉산을 끼고 서남쪽을 돌아 뒷기미 북쪽으로 방향을 틀면 거족 마을이다.

거족마을은 응천 강변의 저습지 마을이었다. 제방이 만들어 지기 전까지만 해도 해마다 범람하는 강물에 수해를 입던 고장이었다.

마을 입구의 당산나무와 닷섬지기들을 지나 만어산 줄기가 응천 강변까지 내려와 머물러 선 산기슭을 돌아가면 미전리美田里다.

경부선 철길의 무흘산無屹山 터널 입구에 있는 화성 마을은 옛날 무월리역無月里驛의 소재지였다. 고려 때부터 역마와 역졸을 거느린 역관과 파발참把撥站이 있던 역마을이었다. 관도를 지나는 길손과 관인들을 상대로 여인숙과 주막들이 즐비했으나 이제 철길에 밀려 사라졌다. 마을 뒷산에는 파발참의 봉화를 올리던 곳이라 하여 봉오재라 불렀다. 지금도 석축의 일부가 남아 있어 그 자리를 말해준다.

화성을 지난 관도는 입성동과 인전을 지나 광탄나루에 닫는다.

광탄廣灘나루는 인구리나루, 미전나루 등 옛 나루터 유적과 이웃하여 상남면으로 가는 길목이었다. 낙동강에서 올라온 상선들이 정박했던 곳이기도 했다.

강폭이 넓고 물살이 거세다고 광단이라고 했으나 아래쪽에는 수심이 얕고 여울이 많이 생기는 나루라고 여울나루라고도 했다. 일명 인굴이, 인전진印轉津이라고 불리는 광탄나루는 작원관과 더불어 임진왜란 전사에서 슬픈 사연이 있는 곳이다. 작원관에서 패주한 박진 장군이 돌아가는 길에 이곳에서 강을 건너다가 짙은 안개 때문에 물 깊이를 헤아리지 못해 수많은 병졸들이 빠져 죽은 곳이다. 지금도 광탄은 물이 맑고 깊은 소沼를 이루어 낚시터로 유명하다. 일 년 내내 낚시꾼들이 붐비는 명소다.

광탄에 인접한 금물평今勿坪은 칠성 마을과 임천리를 잇는 넓은 들이다. 지금은 제방과 철길에 막혀 넓은 옥답으로 되어 있으나 그때만 해도 해마다 밀양강의 범람으로 수해를 입던 저습지였다.

척박한 금물들의 저습지를 피해 관도는 청룡 마을 앞 만리들을 돌아 쇠점金谷 마을과 이산(利山또는 鯉山)을 지나 남포리南浦里에 다다른다.

남포리는 선창이 있던 곳이다. 밀양 지방의 조세를 거두어 보관하던 이창耳倉이 있다고 해서 이창리라고도 불렀다. 낙동강에서 오르내리는 범선의 내왕이 빈번하여 숙박시설인 이창원耳倉院이 있었고, 포구의 기능인 이창진耳倉津을 겸했다. 일명 귀창이라고 불리는 남포리는 성의 남쪽에 있는 포구라하여 뒤에 붙혀진 이름이다.

현재의 삼문동이 원래는 남천강의 강바닥이었다고 말하면 잘 믿으려 하지 아니하는 일이 많다. 홍수 때마다 매번 물속에 잠기던 삼각주에 제방이 쌓아지고 시내의 중심지역으로 된 것이 그리 오래된 일이 아니다.

사람이 거의 살지 아니하던 강바닥 사문교沙門郊에 제방이 쌓아진 것은 일본이 강점한 이후의 일이다. 지금의 용두목 앞에서 제2 밀양교 아래쪽 한전변전소가 있는 구간까지에 먼저 제방이 쌓아졌다. 그리고는 군청과 법원, 검찰, 세무서, 학교 등 관공서를 이곳으로 옮기면서 도시의 중심으로 바뀌었다.

1959년 사라호 태풍 때만 하더라도 삼문동이 완전히 물속에 잠기었고 수많은 생명을 잃기도 했다. 70년대에 들어와서야 겨우 오늘날의 제방이 완성되었고, 하마다 겪던 물난리에서 벗어날 수 있었다.

귀창, 남포리를 지난 관도는 모래와 자갈만이 뒹구는 삼문동 삼각지를 가로 건너 밀양성의 남문에 다다른다.

밀양성 남문이 있던 곳은 지금의 내일동 '우리은행 지점'이 있는 부근이다. 얼마 전까지만 해도 강변에는 선착장이 세워졌던 잔해들이 남아 있었다. 그때는 낙동강을 오르내리는 소금 배들이 여기까지 올라왔었다. 지금도 강변으로 내려가는 계단 일부가 남아 있어 옛 선착장 자리를 가르쳐준다.

밀양교를 지금도 '배다리'라고 부르는 사람들이 꽤 있다. 흔히 이곳이 옛 관도의 자리라고 잘못 알고 있다. 배다리는 일제시대 처음 신작로가 만들어질 때 성내(내일동)와 삼문동을 잇는 거리가 가장 가까운 이곳에 배다리가 세워져서 생긴 오해다. 배다리란 작은 나룻배를 나란히 이어 엮고 그 위에 상판을 깔아 만든 임시 교량으로 옛 관도와는 상관이 없는 곳이다. 지금도 배다리와 선창장 모습이 담긴 옛 풍경사진들을 접객업소 등에서 흔히 볼 수 있다.

내일동의 동문고개는 밀양성의 동문이 있던 자리다. 성내를 지나온 관도는 이 동문을 나와 아북산 산비탈을 타고 느릿느릿 구덧골로 향한다. 추화산과 아북산이 이어지는 잘록한 능선에 서면 북쪽 춘북의 안개와 남쪽 용두목의 빼어난 풍광이 한 눈에 들어오던 향수어린 곳이었다. 그러나 오늘, 내일동과 교동을 이어주는 새 도로가 만들어지면서 능선은 수십 미터의 절벽으로 잘려버렸다. 옛 관도의 모습은 물론 산의 아름답던 능선의 형광마저 사라져 버렸다.

능선을 넘어서면 현재 화장장이 있는 구덧골이다. 옛날 9대로 진사를 배출한 집안이 살았다고 해서 구덧골로 불리는 좁은 골짜기 안쪽에서 북쪽으로 돌아서면 용지고개다. 고개를 넘어가면 바로 대목골이다. 옛날 큰 대목이 살았다고 해서 이름이 붙여진 대목골은 현 공동묘지 안쪽의 들 이름이다. 관도는 구덧골에서 용지고개를 넘어 대목골을 지나 제사고개를 넘어 범북이라고 불리는 춘복으로 이어진다.

구덧골에서 용지고개를 넘어 제사고개에 이르는 약 1km의 구간에는 얼마 전까지만 해도 옛 관도의 흔적이 남아있었다. 그러나 길 양쪽의 농경지에서 야금야금 잠식해 와 지금은 겨우 사람이 다닐 수 있는 오솔길로 변해버렸다. 한때 옛길 가꾸기 사업으로 밀양시에서 옛길 찾기 운동을 벌리기로 했으나 흐지부지 되고 말았다. 더욱 제사고개는 길바닥이 패여 도랑으로 바뀌고 잡초와 가시덤불이 우거져 발 디딜 곳이 없다. 그에 더하여 제사고개 너머에는 '춘복지구 구획정리 사업' 으로 관도의 흔적이 아예 없어져 버렸다.

관도는 춘복 마을 끝자락 차현들에서 두 갈래로 나누어진다. 옛날

한성으로 가는 수레들이 많이 다녔다고 해서 '차현들'로 불리던 이곳에서 응천강을 건너 산외면 긴늪으로 나루를 건너 새각단, 길곡, 뒷가실, 평능, 유산을 거쳐 금곡(금산)에 이른다.

'차현들에서 갈라진 또 한 길은 응천강 상류의 비옥한 삼각주인 신안으로 나선다. 신안은 임진왜란 이후 새로이 원院이 생겼다고 해서 생긴 이름이다. 원래 옥산에 있던 금곡원金谷院이 폐지되고 가곡, 평능으로 가던 관도를 바꾸어 구곡 앞에서 나루를 건너 성현도에 직행하도록 했다.

이조 초기 금곡원과 역驛과 관關의 기능을 겸했던 유천관이 자리 잡았던 옥산을 거치면 금산에서 올라온 두 길이 하나로 합쳐진다.

여기서 관도는 경북 청도로 이러져 한양으로 향한다.

밀양의 봉수대는 동래부에서 김해로 이어진 봉수를 삼랑진 미전리 봉오재에서 받았다. 봉오재 봉화는 종남산 봉수대와 추화산 봉수대를 거쳐 상동면 유산과 금곡의 경계지점인 분항산盆項山 봉수대로 이어졌다. 분항산 봉수대는 경북 청도의 남산 봉수대와 서로 응보 하였다.

〈사족〉

나는 역사나 향토사를 공부한 일이 없다. 다만 개발에 밀려 옛것이 사라지는 것이 안타까워 보존할 길이 없을까 하는 마음에서 이 글을 옮겼다. 잘못된 부분을 바로 잡아 주기 바란다.

밀양의 옛길은 역사와 전통의 문화유산이다.

우리 고장 출신이신 성승 사명당 송운대사께서 임진왜란 당시 강화사로서 '도쿠가와 이에야스'와 담판을 하기 위해 왜국으로 건너가던 길이었다. 또한 1607년부터 1811년 사이에 12차례에 걸친 조선통신사가 지났던 길이며, 영남루는 그들을 위한 위로연이 열렸던 곳이다.

이제 조상의 숨결이 배어있는 옛길을 되살리고 작원관지와 삼랑진나루, 미전리의 무월역, 귀창나루 등 중요 유적지를 재현 복원하여 옛길 - 봉수대 - 나루 - 조선통신사의 의미를 되살리는 종합 관광루트를 개발해 봄 직하지 않을까 생각한다.

참고문헌

(밀양군간행) 미리벌의 얼, (밀양문화원간행) 밀양지, 밀양지명고.

나의 길

최인석, 나는 1936년 6월 밀양시 내일동 신당말리에서 태어났고, 평생을 이곳에서 살았다.

앞동산, 뒷동산이 있고 남천강이 있는 고향, 밀양이 정말 좋아서 이곳을 떠나서는 살 수 없을 것 같은 절실함 때문이었다. 그동안 직장 따라 떠날 기회가 있어도 결코 떠나지 아니했다.

나는 오늘도 밀양을 사랑하고 밀양의 문화예술이 좋다는 긍지 속에 산다. 나는 유명작가도 아니고 작품집 한 권도 없다. 그러나 열정과 긍지만은 누구 못지아니하다고 자부한다.

책과의 만남

신당말리는 밀양의 대표적인 빈민촌이다. 먹고살기에도 벅찬 시절, 그곳에서 태어났다. 대동아전쟁(제2차 세계대전) 말기에 초등학교에 입학했고 중학교 1학년 때인 1950년의 6·25전쟁을 거치는 어려운 시절에 문학과의 인연을 맺었다는 것은 우연이 아니었다.

책과의 만남은 전쟁판에 밀려온 피난민들이 먹고살기 위해 책들을 시장판에 내놓은 것이었다. 어느 도서관의 장서인 것 같은 책들이 시장 난장에 무더기로 쌓아 놓고 싸구려로 팔고 있었다.

자질구레한 월간잡지로부터 단행본은 물론 전집류와 전문서적에 이르기까지 다양한 것이었다. 책값은 따로 없었다. 주는 대로 받았다.

하지마는 가난뱅이 빈민촌의 아이들은 책을 살 형편이 아니었다. 주인의 눈치를 보면서 가장자리에 퍼질러 앉아서 닥치는 대로 읽었다. 책에 대한 호기심이었다. 자연스럽게 문학에 대한 관심을 가지게 된 것이었다.

호기심은 여기에서 끊이지 아니하였다. 당시 U.S.I.S. 미국공보원이 영남루 입구에 있었다. 그곳에는 간이 도서관이 있었고, 그곳에서 많은 책을 볼 수 있었다. 그 시절에 읽은 책은 평생에 읽은 책과 버금갈 만큼 많은 양이었다. 자연스럽게 문학에 대한 관심을 가지게 된 동기가 되었다.

글을 쓰고 싶다는 강한 욕구는 밑도 끝도 없는 습작으로 밤을 지새우곤 했었다.

동인회 활동

유종관 선생이 문예 동호지 『아랑』을 창간한 것은 1954년 7월이었다. 밀양교 입구에 서점을 운영하던 선생이 시내 고등학생들을 대상으로 문학동우회를 만들면서 학생들은 문학에 대한 관심에 불을 지핀 것이었다. 나는 창간호에 수필 〈권태〉를 발표하면서 동참했다.

그러나 문학에 대한 욕구와 호기심은 『아랑』 창간에 자극을 받아 같은 해 9월, 시내 농잠고교, 밀성고교, 세종고교의 관심있는 친구들을 규합 '밀양학생개화동인회'를 구성하고, 동인지 『개화開化』를 직접 편집하는 등 동인회 활동을 주도했다. 그때가 고등학교 3학년이였다.

그러나 동인회는 그 명칭에서 보듯이 〈학생 개화동인회〉라는 명칭의 한계 때문에 고등학교 졸업과 동시에 후배들에게 물려주고 물러나야 했다.

이런 경험은 훗날, 1960년도에 안영 선생을 회장으로 하는 창작동인회 〈구연臼淵〉을 결성히었다. '구언'의 회원은 소설에 김춘복, 김청일, 최인석 3인이고 희곡에 안영, 강승희, 아동문학에 김강석 등 6명이었다.

'구연' 동인회는 새로운 문학의 길을 개척하겠다는 큰 뜻을 세웠었다. 그때나 지금이나 산문 분야는 발붙일 수 있는 공간이 없었다. 그러나 불행히도 『구연』은 동인지는 물론, 공식 기록 하나도 남기지 못했다. 문학의 밤, 문학 강연 등으로 활동을 하던 중 회원의 전출과 사망으로 3년여 만에 유야무야로 해체되고 말았다. 산문 분야 불모지에 불을 지피고 꽃을 피워보자고 꿈꾸던 뜻을 이루지 못한 아쉬움만 남겼다.

밀양문협의 만남

밀양문협과의 만남은 1959년 7월 군복무를 마치고 귀향한 그해 10월 개최한 제3회 밀양문화제 〈문학부 백일장〉 진행위원으로 참여하면서부터 회원이 되었다. 학생 시절부터 동인회 활동을 통해 맺어진 인연으로 자연스러운 합류였다. 이후 지금까지 밀양문화제(현 밀양 아리랑 대축제)와 예총이 주최하는 〈예술제〉의 한글 백일장을 통해 한 해도 거르는 일 없이 밀양문협의 모든 행사를 통해 함께 했다.

그러나 불행히도 밀양문협은 80년도 이후 한때 사고지부로 명맥만 있고, 실체가 없었다. 이를 안타깝게 생각하고 걱정하던 향토 문인들이 2000년도에 문협의 재승인을 받기로 뜻을 모았다. 이 활동에 동참하면서 문협과의 인연은 다시 이어졌다. 2002년 1월 옛 문협 회원들에 의해 재승인을 받고 2002년에 회지 『밀양문협』을 창간하면서 본격적인 문학 활동이 시작되었다. (회지 『밀양문협』은 제6호로부터 『밀양문예』로 개제)

2002년 6월 『지구문학』 여름호(통권 16호)에 수필 「천내의 꿈」으로 등단한 이후 밀양문예를 비롯해 지구문학, 월간문학, 경남문학, 부산수필문학, 한국작가 등에 수필을 발표하면서 작품 활동을 했다.

밀양문협의 회장으로 재임(2007~2012) 동안에는 매월 1건 이상의 행사를 기획, 정례화하여 문협의 활성화를 이루었다고 자부한다.

한글백일장 연 2회(문화제와 예술제)를 비롯하여 학생시낭송대회, 시화전, 향토문화제 찾아보기와 기관 방문, 여름밤 문학의 만남, 문학기행을 실시하고, 매월 개최하는 월례회 때는 회원의 작품 발표 및 토론회를 통해 회원 상호간의 친목과 작품 활동의 활성화를 위한 촉매가 될 수 있도록 정례화했다.

특히 연 2회 개최하는 〈명사 초청 문학강연회〉는 열악한 지방 문협의 사정에도 불구하고 우리 문단의 원로 문인을 초청하여 올해까지 15회를 치루었다는 것은 큰 자랑이 아닐 수 없다.

밀양아리랑 대축제

1959년 제3회 밀양문화제 때 백일장 진행위원으로 참여한 이래 현재까지 〈문학부 백일장〉을 비롯해 여러 분야에 진행위원으로 참여했다.

제20회(1977년) 환경분과 위원장

제21회(1978년) 상임기획위원

제28회~32회(1985년~) 서제 추진위원장으로 기획과 집행 등을 담당했다.

그 가운데서도 1975년도의 제18회 대회는 사무국의 유고로 문화제 개최가 어려운 사건이 생겼다. 이를 극복하기 위해 대회 사무국장을 밀양군 양승철 내무과장이 대행케하는 비상 조치를 세웠다. 당시 문화공보 실장이던 나는 당연히 대회 행사계획 수립과 집행에 관여하게 되었다.

제18회 대회를 치루면서 사무국장을 대행하던 양승철 내무과장과 나는 아랑제 사무국의 상설화 및 기금마련계획이 절실하다는 데 뜻을 같이 하게 되었다.

사무국 상설화를 위해 권영진 선생을 사무국장으로 추대하여 사무국을 상설화했다. 기금 조성을 위하여 이삼석 선생을 재무부장으로 초청하여 기구를 갖추었다. 비로소 밀양문화제 기구의 상설화를 실현했다. 아울러 문화제 법인화를 위한 기금마련계획을 수립 추진토록 하여 오늘날 〈밀양아리랑 대축제〉의 기반을 마련하는데 기여하였다.

밀양문화원장 직선제 선거

2005년 5월 15일 밀양문화원장 직선제 선거를 전국 최초로 시행하였다. 전임 원장의 임기 완료에 따라 신임 원장을 선출하여야 하나 원장 직선 규정이 없었다.

그해 문화원 정관 개정으로 문화원장의 회원 직선제를 시행하도록 규정하고 있었으나 시행 계획이 마련되기 전이었고, 전국 어느 문화원에서도 직선 선거를 치른 곳이 없었다.

문화원 이사 자격으로 선거위원장을 맡은 나는 부득불 자체 선거 규정을 마련할 수밖에 없었다. 선거관리위원회와 문화원연합회의 자문을 받아 선거 규정을 만들어 직선제 원장을 아무 말썽 없이 선출할 수 있었다. 이것이 전국 최초의 규정으로 원장 직선 선거의 효시가 되었다.

문화제 보호사업

1976년 3월~ 1978년 4월 밀양문화 공보실장으로 재직한 나는 문화제 보호에도 각별한 실적을 남겼다고 자부하고 있다.

첫째, 영남루 보호구역 설정과 관리소를 신축했다.

당시 영남루는 보호 철책이 없어 24시간 개방되어 있었고, 야간에도 출입이 자유로워 화재와 시설훼손에 노출되어 있었다. 먼저 토지 경계에 맞추어 철책을 세우고 야간 출입을 통제하는 한편, 비상급수 시설을 설치하여 화재에 대비케 했다.

둘째, 표충비각 정비사업.

무안면 무안리의 표충비각은 500여 평의 적은 면적에 뒤쪽은 일제시대에 세워진 연초조합의 큰 창고에 막히고, 앞쪽에는 보르크 공장과 민가의 틈새로 가리어져 있었다. 문화제위원회에 건의, 국비를 지원 받아 부지를 1,500여 평으로 확장하고 창고와 민가를 철거하여 주변을 정비하여 담장을 쌓고 조경 등으로 주변을 정비시켰다.

셋째, 표충사 경내에 사명대사 유물관을 국비 지원으로 신축(현재 종무소로 사용)하였다.

넷째, 재건축을 할 수 없어 무너지기 직전에 있던 무봉사의 신축을 실현시켰다.

보물 제493호로 지정된 통일신리 시대의 〈무봉사석조여래좌상〉을 보유하고 있으면서도 건물이 노후하여 비가 새고 무너지기 직전까지 이르렀으나 문화재보호법을 모르고 일반 건축법으로 다루다가 뜻을 이루지 못해 여론이 악화되고 있었다. 이를 문화재보호법 부칙에 규정하고 있는 특례규정에 맞추어 문화재관리국의 허가를 받아 신축했다.

이 밖에도 자질구레한 문화재 보호와 관리를 위해 최선을 다했다.

맺는말

밀양에서 대어나 밀양에서 살면서 밀양의 산천과 풍광에 빠져 밀양에 대한 자부심으로 살아왔다.

나는 흔한 작품집 하나 없는 이유를 '홀랑 옷을 벗고 나서는 것 같은 부끄러움 때문'이라고 변명하면서도 뒷날 '유고집'이라도 남길 수 있었으면 하는 욕심이다. 좋아하면서도 신명을 다하지 못한 것이 끝내 아쉬움으로 남지마는 밀양에 살았다는 흔적이라도 남길 수 있었으면 좋겠다는 욕심이 계면스럽다.

소박한 욕심이 부끄럽다고 소심해 하면서도 문학과 예술에 향한 욕심과 열정만은 결코 남에게 뒤지지 아니하다고 자부하고 싶다. 나는 오늘도 문화예술의 행사 현장에 빠지지 않고 참여하고 싶다. 그것이 나의 가는 길이며 자존심이기도 하다.

밀양문협 이야기
– 태동에서 60년대까지

밀양문인협회와 인연을 맺은 지 반세기가 넘었다. 참 오랜 세월이지만 돌아보면 후회와 아쉬움의 세월이었다. 잊고 싶은 사연들이 쌓인 회한의 기간이었다.

최근 밀양의 문화예술 분야의 글, 문협과 관련된 부분들이 발표되는 것을 종종 본다. 밀양의 문화예술 분야를 결산하고 정리한다는 뜻에서 바람직한 일이라고 생각된다. 그러나 간혹 잘못 알려지거나 오해가 있는 것이 안타까웠다. 언젠가는 바로 잡아야 된다는 생각이었다.

이 글은 밀양의 문화예술 분야에서도 문협을 중심으로 기록하려고 한다.

밀양의 문학풍토

밀양은 산이 아름답고, 숲이 짙으며 물이 맑아 말 그대로 산자수려

한 고장이다. 능선과 골짜기마다 흐르는 물길 따라 정겹고 흥겨운 이야기들이 곳곳에 배어 있어 옛 님들의 풍류와 멋이 넘쳐난다.

북쪽을 화악산이 막아섰고, 동쪽으로는 추화산과 일자봉을 앞세운 천황산이 버티고, 서쪽으로는 화악산에서 뻗어 내린 능선을 거느리고 종남산이 둘러섰다. 남쪽으로만 멀리 낙동강까지 확 트인 기름진 옥토가 펼쳐진 고장이다. 마치 삼태기를 벌려 놓은 듯 배산임수의 명당 중에도 명당이다. 이 한가운데를 남천강이 유유히 흐른다. 물길 따라 철 따라 피는 꽃향기에 실려 전설과 정다운 우리들의 이야기가 펼쳐져있다. 아름다운 풍광과 멋진 가락의 풍성한 정서는 문화의 뿌리를 내리기에 부족함이 없었다.

이 아름다운 고장에 '화산별곡華山別曲'의 변계랑卞季良, '조의제문弔儀祭文'의 김종직金宗直을 비롯하여 '악장가사樂章歌詞'의 박준 등 대문장가들이 배출될 수밖에 없었다. 또한 우리 선인들은 신명 나고 흥겨운 밀양아리랑의 가락과 멋진 노랫말을 남겼다. 배산임수의 명당에 요산요수의 풍류와 이를 즐기고 기록하는 유·무명의 문인들이 끊이지 아니하였다.

그러나 국운이 기울고, 암울했던 일제시대를 겪으면서 우리는 불행히도 옛 선현들의 맥을 잇지 못했다. 정서는 메마르고, 문학은 불모지가 되었다. 조상들이 남긴 아름다운 정서를 비옥한 이 땅에 뿌리내리지 못했을 뿐 아니라 꽃을 피우지 못하고 방황하였다.

해방 전에 맥의 동인으로 『무심』이란 시집을 낸 김대봉 시인은 기록으로만 남아있다. 또한 해방을 전후하여 활동을 한 월북작가 박석정과 소설가 표문태가 있었으나 제대로 알려져 있지 못한 실정이다.

광복기에 『화악』, 『등불』 등의 동인지가 있었다고 하나 이 또한 현재로서는 조명되지 못하고 있는 실정이다. 따라서 김대봉 시인과 박석정 시인, 표문태 소설가와 『화악』, 『등불』 등에 대한 자료를 발굴하고 정리하여 그동안 단절되어 온 것으로 알려진 밀양문학의 맥이 이어지는 작업이 꼭 이루어지기를 빈다.

현대문학의 태동

밀양에 현대문학의 분위기가 조성된 것은 현재로서는 6·25 이후로 보는 것이 타당하다고 생각된다. 그 중에서도 50년대는 우리 밀양에 문학이 정착되는 결정적인 시기라고 본다. 따라서 50년대 문학의 흐름을 제대로 살펴보는 것이 오늘날 밀양문학을 조명해 볼 수 있는 지름길이 될 것으로 판단된다. 50년대 밀양문학의 맥을 상황별로 살펴보면,

- 50년 6월 　당시 미국공보원(U.S.I.S) 설치와 밀양문화원의 탄생
- 50년 9월 　밀양문총의 발족
- 51년 　제 7육군병원의 선무지 『철심』발간
- 51년 9월 　밀양고적보전회의 『향토문화』 발간
- 54년 7월 　문예지 『아랑』의 발간
- 54년 9월 　학생동인지 『개화』 발간
- 56년 　밀양문화구락부의 탄생과 어린이 예술제 거행
- 57년 11월 　밀양문화제의 탄생
- 59년 2월 　시 동인지 『석화』 발간
- 60년 　창작동인회 「구연」 발족

등 밀양 문화예술의 획기적이고 결정적인 향기가 높은 꽃들이 피워진 시기였다고 보겠다.

미국공보원의 유치와 밀양문화원 탄생

6·25 전쟁은 밀양의 문화예술계에 획기적인 변화를 주는 계기가 되었다.

민족상쟁의 비극적인 전쟁의 한가운데서 승전사상과 선무활동을 벌이는 그 중심에 밀양문화원과 문총 밀양지부가 있었다는 사실이다.

밀양문화원의 태동을 말하려면 U.S.I.S 미국공보원의 유치에서부터 출발한다.

U.S.I.S 미국공보원은 영남루 입구에 있었다. 처음 영남루에 있던 공보원을 옮겨 입주한 건물은 일제가 농민수탈을 위해 세웠던 일본의 식산은행 밀양지점의 지점장 관사였던 귀속재산으로 단층으로 된 왜식 기와집이었다.

6·25 전쟁이 발발하자 당시 동아일보 지국을 운영하던 김동선이 중심이 된 동지들이 뜻을 모아 불안과 혼란에 떨고 있는 피난민과 주민들의 정서안정을 위해 U.S.I.S 미국공보원을 밀양에 유치하였다.

미국공보원은 확성기를 설치하고 수시로 전황을 보도하고 구룡사업을 벌렸다. 전쟁시절, 전황과 세상 돌아가는 소식을 접할 수 있는 유일한 곳이었다. 공보원 입구에는 큼직한 게시판을 설치하고 한국지도 위에 그날의 전선을 표시했다. 매일 밀고, 밀리는 전선을 언제나 볼 수 있었다. 또한 각종 정부의 포고령과 시책들이 사진과 벽보를 통해 내걸려 있었다. 마당에는 대형 군용야전천막을 세우고

「리버티·뉴스」와 문화영화 등이 상영되고 있었다.

새 소식에 굶주린 사람들이 귀 기울이던 곳이었다. 전쟁 초기. 전황 보도와 선무활동을 통해 피난민들과 주민들의 불안감을 해소하고 정서를 함양하는데 기여했다. 간이도서관 운용, 토론회, 전시활동 등을 통해 지역문화 창달의 촉진제가 되었다.

휴전으로 미국공보원이 철수하자 그로부터 시설과 기자재를 그대로 지원받아 밀양문화원으로 독자적인 활동을 시작하였다.

밀양문화원의 태동은 1950. 4. 1로 거슬러 간다.

해방정국이 혼란기에 지역발선을 위해 기여하겠다는 생각을 가진 김동선을 중심으로 하는 지역의 언론, 교육, 체육계의 인사들이 뜻을 모아 밀양체육회 2층(내일동 우리은행 맞은편 귀속재산인 옛 홍화춘 건물)에 밀양문화관을 설치했다. 곧 이어 6·25 전쟁이 발발하자 이들은 부산에 피란 와 있던 U.S.I.S 미국공보원을 유치하고, 민심수습 활동을 시작했다. 미국공보원 시대를 거쳐 공보원이 철수하자 밀양공보원이 되었다가 1957부터 밀양문화원으로 이름을 고쳐 오늘에 이르고 있다. 이곳이 사단법인체가 되고, 오늘날 우리나라 문화원의 효시다.

문총 밀양지부의 탄생

한국문인협회 밀양지부가 처음 승인, 설치된 것은 1962년 1월이다.

그러나 밀양문협의 맥락은 1950년 9월 한국문총(한국 문화단체총연합회)의 결성과 궤를 같이한다.

한국문총은 6·25 전쟁이 발발하자 공산 치하를 벗어난 문화예술

인사들이 승전을 위한 전쟁지원과 주민 선무활동을 위해 만든 단체다. 50년 9월 〈문총 구국대〉를 편성 종군하던 문화예술계 인사들이 지역별로 지부를 만들 때 밀양지부가 설립되었다.

피난 온 문화예술인들과 지역문화인들이 연계하여 전쟁지원 활동을 벌이던 밀양문총은 수복 후 독자적으로 지역문화 창달에 기여했다.

밀양문총은 밀양문화원과 더불어 지역 민심의 안정과 승전을 위한 선무활동을 병행하여 지역문화를 꽃피우는 원동력이 되었다.

1950년대, 6·25전쟁을 겪으면서 밀양의 문화예술의 중심에는 밀양문화원과 문총밀양지부가 함께 했다. 두 단체는 협력관계를 유지하면서 새로운 문화 창달의 주체가 되었다.

이때는 문화원과 문총지부의 업무와 활동 영역이 뚜렷하게 구분되지 아니하였을 뿐 아니라 구성원 또한 서로 겸하고 있었다. 문화원과 문총지부 발족 당시 참여했던 사람들은 모두 같은 사람들이 겸했다.

김동선을 중심으로 권태식. 유종관, 안영, 이건성(뒤에 운성으로 개명), 이강백, 박창숙, 김석겸, 민병포, 박기재 등 교육계, 언론계, 문화계, 체육계 인사들이 함께 참여했다. 초대 문총지부장은 박도원이었다.

전쟁 선무지 鐵心

『철심』은 6·25전쟁이 한창이던 1951년도 시내에 주둔하고 있던 제7 육군병원(병원장 신학진 대령) 정훈과에서 발행한 선무지이다.

전상 등으로 입원 중인 장병들에게 군인의 사명과 참전의식을 높여 군인정신 함양을 목적으로 하면서 한편으로는 전쟁으로 혼란스러운 민심을 추스려 군관민의 협조체제를 구축하기 위한 선무용 기관지였다.

순간인『철심』의 창간과 폐간 일자를 정확히 알 수 없으나 현재 보관 중인 제6호(51.4.3)및 제7호(51.4.10)의 발간 일자로 보아 51년도 연초에 창간한 것으로 보아진다.

『철심』의 내용은 군인 본연의 사명과 군인정신 함양을 위한 훈시적이고 교육적인 논설이 주를 이루었다. 그밖에는 장병들의 시, 수필, 수기, 창작(소설)들의 문예작품들로 구성되었다. 준 종합지의 형태였다.

일부 밀양 인사들이 이『철심』을 통하여 시와 수필을 발표하는 등 문학수업을 하였다고 주장하는 사람이 있으나 사실이 아닌 것으로 기억된다.

밀양에서는 최초로 인쇄판으로 발간된『철심』은 그 취지에서 군·관·민의 협조체제를 강조하고 있으나 현재 보관 중인 제6호(총22쪽) 제7호(총20쪽) 어디에도 지역민을 위한 공간이 마련되고 있지 아니할 뿐 아니라 투고 등 지역민의 참여를 권고한 기록도 없다. 이것이 군기관지로서의 한계점으로 생각된다.

또한 일부에서 김동신 문화원장이『철심』발간에 영향을 미친 것으로 기록하고 있으나 이 또한 와전된 것으로 생각된다.

낙동강까지 밀린 전쟁의 와중에서 발간 된『철심』은 군·관·민의 협조체제와 지역민심 안정을 위한 승전의식의 고취, 장병들의 시, 수필 등 문학작품을 통해 지역민들의 문학적인 욕구를 달래 준 유일한 매체가 아니었을까 생각된다.

향토문화의 발간

향토문화는 1953.9.1 밀양군교육청 교육감 신학상이 회장이던 〈밀양고적보존회〉에서 발간한 밀양의 고적을 소개하는 책자이다.

해방과 전쟁을 거치는 혼란기에 향토를 소개할 자료가 전무한 때에 발간된 『향토문화』는 큰 관심을 끌었다.

이 책에서는 〈대한승지 밀양〉의 연혁을 비롯하여 영남루, 표충사 등 문화제와 사명당, 점필제, 춘정 등 인물, 그리고 고적, 전적, 명승, 명물 등을 소개하는 향토 소개 종합지다.

『향토문화』에는 문학작품을 실지 아니했다. 그러나 책 말미에 수록된 「고적을 소개하는 밀양의 노래」(82~ 84쪽)가 태풍의 눈이었다.

12개 읍면의 산수와 특산물, 역사적 인물들을 손에 잡히듯 소개하는 48련(읍면당 4련)의 가사다. 오늘날도 밀양을 소개하는 글로 곧잘 인용되는 가사다. 그러나 발표 당시 작사자를 명시하지 않았기 때문에 종종 말썽이 되었다. 흔히 무명인 또는 구전의 노래 등으로 소개되기도 했으나 때로는 전혀 엉뚱한 누구의 작사라는 등의 논쟁이 있었다.

이 가사는 당시 밀양군교육감이며 〈밀양고적보존회〉 회장이던 신학상의 작품이다. 작사자를 밝히지 아니한 것은 신학상의 겸손 때문이다.

문예동호지 아랑

밀양의 현대문학을 말하려면 1954년을 주목하여야할 해이다.

1954년 7월에 문예동호지 『아랑』이 창간되었고, 9월에는 학생동인지 『개화』가 창간되었기 때문이다.

『아랑』은 유종관(밀양문인협회 초대회장, 현고문)이 1954년 봄에 밀양교의 북쪽입구에 밀양서점을 개업하고 같은 해 7월 17일자로 창간했다. 20쪽짜리 프린트판인 『아랑』은 시단, 시조, 동요 등 내용으로 꾸몄다. 더불어 동호인 모집과 투고를 위한 문호를 개방했다. 당연히 문학에 관심을 가졌던 동호인들의 전폭적인 지지를 받았다. 특히 학생층의 인기는 폭발적인 것이었다.

『아랑』은 그 창간사에서 "해방과 전쟁을 거치면서 문학의 불모지였던 고장에 향토 문화를 수립하고 민족문화에 이바지하는…" 목적으로 한다고 창간 취지를 밝히고 있다.(이링 창간호, 탄생사 柳絮(유종관))

서향曙鄕은 창간호에 기고한 '향토문화 육성의 길' 에서 "해방된 감격에서 화악동지회의 『華嶽』이 1여 년간 향토문화 육성에 진력한 적이 있고 『文林』이 동진학원 이진화에 의해 4~5호가 발간되었다"고 밝혔다. 그러나 화악과 문림에 대한 다른 기록이나 흔적이 남아 있지 아니한 실정이다. 따라서 『아랑』이 향토문화 개척이라는 감격으로 받아드렸다는 것은 의미 있는 일이다.

『아랑』의 필진은 일부 기성세대가 참여하고 있으나 시내 초·중·고 학생들이 주류를 이루고 있다. 따라서 작품의 질은 학생들의 습작기 수준을 벗어나지 못한 것으로 평가되었다.

부정기간인 『아랑』은 10여 호까지 이어온 것으로 추정되나 몇 호로 언제 종간되었는지 확인되지 아니한다.

그러나 비록 학생층이 주류라고 하더라도 지역민이 함께 참여한 문학의 광장이 마련되었다는 점은 높이 평가되어야 마땅한 일이라고 본다.

학생동인지 개화

1954년도에 또 하나의 동인지는 학생들 손에 의해 창간되었다. 밀양학생개화동인회가 9월 9일자로 창간한 『개화開化』가 그것이다.

『아랑』이 기성세대에 의해 창간된데 비해 『개화』는 순수한 학생들 손에 의해 만들어 졌다는 것이 구별된다.

시내 고등학교에 재학 중이던 최인석(밀양농잠고등학교), 조종규·이종근(밀성고등학교)이 중심이 되어 문학에 관심을 가진 학생들의 뜻을 모아 학년 초에 〈밀양학생개화동인회〉를 결성하고 9월에 『개화』를 창간한 것이었다. 학생개화동인회는 『아랑』의 밀양서점과 마주해 있는 문총밀양지부에 사무실을 두었다.

"창의적인 문예사상 함양함을 목적으로…"(창간사 조종규) 창간한 개화는 논단, 문학과 음악의 이해, 시, 수필 등으로 30쪽의 프린트판이었다. 편집에서 인쇄까지 모두 학생들 손에 의해 계획되고 만들어 졌다. 따라서 작품 수준은 기대에 미치지 못한 습작 수준이었다. 그러나 학생들의 열정으로 만들어 졌다는 긍지는 높이 평가되어야 마땅하다고 본다.

『개화』는 동인회 명칭에서 보듯 학생개화동인회라는 한계를 벗어날 수 없었다. 때문에 창간 주역이었던 최인석, 조종규, 이종근 등은 졸업과 동시에 동인회를 떠나야 했다. 이런 태생적인 한계 때문에 길게 이어지지 못하고 1957년도 제3호를 끝으로 종간되었다. 『개화』로 현재 창간호만 남아있고 2~3호는 남아있지 아니하기 때문에 내용과 수준을 가늠할 수 없는 실정이다.

『개화』 창간 때 박도원 문총밀양지부장, 이진화 동진학원장을 비롯하여 서라벌예대 출신인 이순호, 손춘식 등의 따뜻한 배려와 격려가 잊혀지지 아니한다.

『아랑』의 표지와 인쇄는 그림과 글씨에 빼어난 자질을 가진 당시 밀성초등학교에 재직 중이던 박기재가 담당했다. 『개화』 창간호는 학생들 손에 의해 만들어졌다.(표지 최인석, 인쇄 이종근) 그러나 2~3로는 역시 박기재가 담당했었다.

현재 『아랑』 창간호(54.7.17)와 제2호(54.8.5) 『개화』 창간호(54.9.9)가 보존되어 있다.

이 밖에 57년 1월에 밀양대학생회에서 151쪽의 『鄕』을 내놓았다. 종합지 형태의 『鄕』은 체제나 수준면에서 높이 평가되기에 손색이 없었으나 단발로 끝이고, 그 후속이 없다는 것이 아쉽다.

밀양문화구락부와 어린이 예술제

〈밀양문화구락부〉는 1956년도에 시내 각급학교에 재직 중이던 문학, 미술, 음악 등 예능계 교사들이 중심이 되어 발족하였다. 밀양문화구락부의 탄생은 밀양의 문화풍토를 새롭게 발전시키는 결정적인 전기를 마련했다.

9·28 수복으로 사회와 민심이 안정되어 가는 과정에서 새로운 삶의 질서와 정서를 갈망하고 있었다. 침체된 문화에 대한 욕구에 목말라하던 때를 맞추어 문총지부의 확대 개편을 통해 지역문화 예술운동을 전개하고 구심체가 되었다.

문화구락부는 1956년 5월 어린이날을 기하여 〈어린이 예술제〉를 열고 음악회, 아동극 대회, 그림 그리기, 미술전 시회 등 행사를 펼쳤다. 곁들여 연중 행사계획을 마련하고 매월 시내 다방 등을 이용하여 시 낭송회, 미술 전시회 등 각종 행사를 치렀다. 또한 서양의 추수감사절을 본따 그동안 치루어 온 행사의 입상자 등을 모아 늦가을에 종합예술제전을 열어 발표회를 가졌다.

문총밀양지부와 함께한 종합예술제전은 지역의 문화예술인들의 뜻을 모아 1957년 밀양문화제를 탄생시키는 원동력이 되었다.

〈밀양문화구락부〉는 1958년 3월에 자진 해체하고 문총지부를 확대 개편, 문학, 미술, 음악, 연극지부를 결성하여 침체되고 있던 문총의 기능을 활성 시켜 뒷날 〈밀양예총〉 탄생의 밑거름이 되었다.

밀양문화제의 탄생

1957년 11월 21일부터 24일까지 3일간 열린 제1회 밀양문화제는 〈국보 영남루 중수기념〉 문화제로 전국문총밀양지부가 주최하고 밀양문화구락부가 주관하였다. 밀양의 얼굴인 국보 영남루(당시는 국보였다)의 대 중수를 전 국민과 함께 축하하기 위해 밀양문총지부와 밀양문화구락부가 주동이 되어 〈한 방울 이슬이 반짝이는 무언의 섭리에 따라 향토에도 문화의 씨는 뿌려졌고 … (중략) … 허물어진 돌담에도 깨어진 한 장의 기왓장에도 우리들 조상의 뜨거운 숨결이 남아 있는…(문화제 취지문 중에서) 향토의 르네상스를 위해 문화제를 개최했다. 당시 진주에서 열리고 있던 영남예술제(당시 개천예술제)를 본따서 잔치판을 벌린 것이었다.

제1회 밀양문화제는 밀양 군민들의 전폭적인 지지와 전국의 문화예술인들의 축하와 격려 속에 성황을 이룬 행사였다. 전 군민의 향토

애를 한 뜻으로 모은 축제였다.

한글백일장, 시화전, 음악, 무용, 미술경연대회, 야외사생대회, 문학 강연회, 미술전, 사진전을 비롯해 외곽행사로 궁도, 체육대회 등 25개 종목의 단위 행사가 치러졌다. 축하가장행렬을 비롯한 오색불꽃놀이가 밤하늘을 수놓는 가운데 유등과 꽃배들이 남천강과 시가지 전체가 꽃밭이였다. 특히 바가지에 촛불을 켜고 남천강에 띄어 액운을 실어 보내는 유등행사는 꿈 같은 추억을 오랫동안 심어주었다.

제1회 밀양문화제의 대회장에는 박도원 문총지부장, 대회위원장 김동선, 부위원장 권태식, 손병문, 추진부서별 중요인사는 김석겸, 안영, 박창숙, 권일수, 이강백, 최형교, 이운성, 유종관, 민병포, 박기재, 이종찬, 김동일, 최희일, 김형태, 이정우, 김우, 김희로, 김석, 이우형, 손진형, 예종숙, 조용문, 신준성, 황만용, 손태섭, 김영필, 장윤성, 김병현, 서순일, 이상국, 이계성, 김종수, 강한석, 엄수현, 주성호 등이 담당했다. 또한 문화제를 축하하기 위해 참여한 문화예술인으로는 문총최고위원인 평론가 이헌구를 비롯해 모윤숙, 양명문(이상시인), 김동진(작곡가), 김영일(아동문학), 김자림(극 작가), 박고석(화가)를 비롯해 부산의 홍두표, 최계락, 정진업, 서정봉(이상 시인), 임호, 우신출, 김원갑, 전억림, 추연근(이상 화가), 진주 설창수, 김수호(이상 시인) 등이 참여 격려해 주었다.

오늘날 반세기 넘게 이어오는 밀양문화제의 맥락은 이렇게 전 향토인의 정성과 지지를 모아 전국문화예술인들의 축복 속에 밀양인의 혼이 심어진 행사였다. 그러나 오늘이 있기까지의 그 과정이 결코 순조로운 것이 아니었다.

지나온 날들을 개괄적으로 살펴보면,

제1회를 57년 11월 21일~24일(3일간) 국보중수기념문화제로 시작하여 1966년도 제10회까지는 매년 10월~11월 가을에 밀양문총지부가 주최하고 밀양문화원이 주관하였다.

제11회(1967)부터는 밀양아랑제로 명칭이 바뀌고 개최 시기를 가을에서 봄으로 바꾸었다. 매년 봄에 치러지던 〈아랑규수 뽑기 및 제향행사〉와 가을의 문화제를 단일화하기로 한 것이었다. 매년 봄, 가을 두 차례의 큰 행사를 하나로 묶어 지역의 부담을 줄이는 동시에 새 시대에 부응하는 진일보된 제전을 치른다는 군민의 여론을 수렴한 결과였다.

대회 명칭도 향토색 짙은 〈밀양아랑제〉로 하고, 문화 행사가 편중된 가을을 피해 봄철에 특색 있는 행사를 치른다는 뜻이었다. 또 한가지 특별한 결정은 행사의 원활한 추진을 위해 〈밀양아랑제집전위원회〉를 구성하고 행사 주최를 맡도록 했다. 지금까지 행사 주최와 주관을 맡아 오던 예총밀양지부와 밀양문화원은 예술행사와 문화행사를 각각 주관하게 했다.

그 준비를 위해 1967년도는 행사를 쉬고 제11회는 1968년 5월 11일~13일(3일간) 밀양아랑제집전위원회 주최로 예총밀양지부와 밀양문화원 주관으로 개최했다.

제12회는(1969년) 행사 보조補助기관이던 밀양군과의 불화로 행사를 개최하지 못하는 초유의 사태가 있었다. 제13회, 14회도 행사 주최, 주관 기관이 예총밀양지부와 밀양문화원이 개최하였다.

제15회(1972년)부터 다시 아랑제집전위원회가 주최하였고, 제24

회(1981년)부터는 주관단체가 각 행사 단위 단체로 바뀌면서 예총지부와 문화원의 행사에 대한 영향력이 점점 줄어들게 되었다.

제40회(1997년)에 또 한 번의 변신을 한다. 〈밀양아랑제 집전위원회〉가 법인화되고 명칭도 〈밀양아리랑대축제〉로 바뀌어 오늘에 이른다.

시 동인지 석화

시 동인지『석화』는 1959. 2. 1자로 제1집을 발간하였다.

『석화』 동인은 문예동인지『아랑』을 발간하는 등 40년대부터 시를 쓰면서 지역문학의 뿌리를 내리기 위해 앞장 서 오던 유종관을 비롯해 55년 문학예술과 사상계를 통해 등단한 박재호, 영남문학을 통해 등단한 이운성(60년도 자유문학 재등단), 55년도 3인 시집 선인장을 낸 예종숙(60년도 자유문학 등단)이 동인으로 참여했다. 초등학교 교사인 송영수는 1, 2집에 참여했고, 상업은행 밀양지점에 근무했던 박미옥은 제1집에 참여하였으나『석화』 동인은 4집까지 함께한 유종관, 박재호, 이운성, 예종숙 4명으로 보는 것이 옳다.

해방 이후 문학의 불모지와 다름없던 밀양에『아랑』,『개화』,『향』 등이 잠시 있었으나 습작 수준의 활동이 고작이었다. 그런 습작시대를 통해 집적된 문학의 역량은『석화』 동인을 통해 꽃피게 되었다. 성숙기에 접어든『석화』를 통해 문학의 중심에 나서게 된 것이다.

58년 10월에 결성된『석화』는 영남루와 남천 강변 바위에 새겨진『석화』를 동인회의 이름으로 하여 제1집을 59. 2. 1 간행한 이후 제2집 59. 9. 30, 제3집 60. 5. 10 간행했으나 종간호인 제4집은 64. 3.

15로 3집~4집 사이에는 4년여의 공백이 있었다. 그 이유는 4집 후기에 언급되어 있는 것처럼 자금이 원인이었다.

『석화』가 비록 4집으로 종간되었으나 지역문학을 전문수준으로 이끌었다는 영향력은 엄청난 파급효과를 일으켜 문학에 대한 욕구를 부추기게 했다.『석화』는 문학을 꿈꾸던 후진들을 따뜻하게 보듬고, 의욕을 북돋아 주었다. 가야할 길을 제시하는 등 견인차 역할을 맡아 큰 몫을 했다.

창작동인회 구연

창작동인회『구연』은 1960년에 발족했다. 문학에서 산문부문은 그때나 지금이나 삭막했다. 이런 시기에 소외되고 있던 산문에 뜻을 가진 사람들이 창작동인회를 구성했다. 얼음골 호박소에서 동인회 이름을 따『구연臼淵』이라 했다.

동인은 연극인으로서 밀양 예술계를 지도하던 안영을 좌장으로 하고 소설에 김춘복, 김청일, 최인석, 아동문학에 김강석, 희곡에 안영, 강승희 등 6명이었다. 이 가운데 김춘복은 당시 현대문학에『낙인』으로 1차 추천을 받은 상태였다. 그러나『구연』은 동인지는 물론 회지를 남기지 못했다. 다만 문화제 등의 문학적인 기류에 힘입어 부산, 대구 등의 문인을 초청하여 문학의 밤과 작품감상회 등을 통해 문학적인 역량을 키워나갔다. 자체적인 활동을 통해 활로를 찾았으나 회원의 전출과 사망, 그리고 재정적인 사정 등으로 불과 3년만에 동인회 자체가 흐지부지 되고 말았다.

그러나『석화』가 일으킨 지역문학의 바탕에 산문분야가 함께 바람을 일으켰다는 점은 지역문단을 풍성하게 하였다고 자부한다. 따라서 60년대 이후 밀양문학이 가야할 길을 밝히는데 부족함이 없었다고 본다.

맺는말

밀양의 문화예술은 예총밀양지부와 밀양문화원의 부침과 함께한다. 밀양문협 역시 이 범주를 벗어나지 못한다.

1950년도 밀양문화관을 설치했다가 6·25전쟁이 발발하자 미국공보원을 유치하여 주민선무활동을 벌이고, 수복 후에는 밀양공보원을 거쳐 밀양문화원을 세워 문화의 기틀을 세웠다.

1950.9 문총구국대를 설치하였다가 문총의 탄생에 따라 문총밀양지부를 설치하여 문화의 횃불을 밝힌 이래 58년도에 확대 개편하여 문학, 미술, 음악, 연극지부가 설치되었다.

1954년 문학동호지『아랑』 학생동인지『개화』의 발간.

1956년 문화구락부의 결성과 어린이예술제 개최.

1957년 밀양문화제의 창설.

1959년 시 동인지『석화』의 출간.

1960년 창작동인회『구연』의 결성 등의 일련의 과정을 거쳐 60년대 이후 밀양의 지역문화가 나아갈 역량을 구축하였다.

밀양문화의 발전에는 김동선, 유종간, 안영, 이운성, 이강백 등 여러분이 함께 한다.

50년대 후반 프린트판인『아랑』,『개화』가 활자판인『석화』를 거치는 과정에서 밀양문협은 문총시대를 거쳐 1961년도 예총밀양지부로 개편되어 오늘에 이르렀다.

그러나 밀양문협의 길은 그렇게 평탄한 것이 아니었다. 밀양문화제 창설 이후 모든 역량을 문화제에 쏟고 그에 얽매었다. 그에 더하여 회원들의 전출과 사망 등의 부침을 거치는 동안 이름만 남고 실체 없는 형국이 되었다. 급기야는 80년대 이후에는 활동과 기록마저 남기지 못한 채 유명무실했다.

이 시기에 탄생한 〈밀양문학회〉가 밀양문학의 공백을 막고 맥을 이어온 것이 지역문학을 위해 다행이었다. 밀양문학 풍토를 지켜준 〈밀양문학회〉의 공은 높이 평가되어 마땅하다고 본다.

이름만 남았던 〈밀양문인협회〉가 되살아 난 것은 2000년이었다. 사고지부로 남아있던 밀양문협을 방치할 수 없다는 절박한 생각에 뜻을 같이한 옛 문협회원들이 뜻을 모은 것이었다. 2001년 1월에 한국문인협회의 재인준을 거쳐 도약의 계기를 마련한 것이었다.

유종관을 회장으로 하는 밀양문인협회는 그동안 회원들이 염원하던 회지 〈밀양문협〉을 2002년 12월 창간하여 2009년 현재 제8집을 발간했다. (회지명칭 〈밀양문협〉은 2007년 제6집부터 〈밀양문예〉로 개제하였음)

60년대 이후의 기록은 다음 기회로 미룬다. 60년대 이후에는 많은 기록이 보존되어 있을 뿐 아니라 밀양 출신 유능한 문인들이 전국 각지에서 활동하고 있으며 특히 밀양문화제를 통해 배출된 문인 또한 적지 아니한다.

향토문화에 관심 있는 유능한 분이 조명해 주기를 빈다.

참고문헌

- 철심 (1951. 제 7 육군병원)
- 아랑 (1954년 창간호, 2호 아랑동우회)
- 개화 (1954년 창간호 밀양학생개화동인지)
- 향토밀양 (1953년. 밀양고적보존회)
- 석화 (1959~64년 1~4호 석화동인회)
- 밀양문화제 10년사 (1966. 예총밀양지부)
- 밀양아랑제 40년사 (1998. 밀양아랑제집전원회)
- 밀양문화 (2008. 제9호 밀양문화원)
- 밀양예술 (2007. 창간호 예총밀양지부)
- 밀양문화원과 나의 반세기 (2002. 김동선 자서전)
- 지역문학연구 (2003. 제8호 경남부산지역문학회)

| 해설 |

밀양 남천강이 피워낸 서정의 꽃과 삶의 비망록

– 최인식의 『천내의 꿈』 수필세계

鄭木日
한국문인협회 부이사장
연세대 미래교육원 수필 지도교수

1.

밀양에서 태어나 팔순이 될 때까지 남천강과 영남루를 보며 밀양 아랑제와 문화 행사의 산증인으로 살아온 최인식 수필가의 처녀 수필집을 대한다. 수필을 읽으면서 지은이의 80여 년의 세월과 남천강의 유유한 강물소리를 듣는다. 남천강의 강물을 대하는 것은 밀양의 자연 풍경과 영혼을 만나는 일이며 문화와 조우하는 순간이다. 진주 남강에서 자란 필자로서는 무어라 말할 수 없는 감회, 향토애와 함께 감사의 마음을 느낀다.

진주 남강과 촉석루, 밀양 남천강과 영남루는 평양 대동강의 부벽루와 함께 우리나라 3대 누각으로 알려져 있다. 옛적부터 강변에 도시가 형성되면서 문화가 꽃피워져 왔다. 강물은 인류의 생명과 문화의 젖줄임을 말해 준다.

진주, 밀양, 평양의 강변에 세워진 누각은 이 도시의 상징이 아닐 수 없다. 진주에 남강이 있으므로 지방에서 최초로 '영남예술제(현 개천예술제)' 라는 종합문화제가 생겨난 데 이어, 밀양에서도 '아랑문화제' 가 뒤를 이었다. 진주엔 '논개', 밀양엔 '아랑' 이란 상징적인 여인이 있음도 두 도시의 닮은꼴이다. 진주인과 밀양인은 태어나면서부터 자연스레 강물의 노래와 생명성을 배우게 된다.

최인식 수필가는 자신이 태어난 밀양에서 평생을 살면서 남천강변에서 개최되는 아랑문화재와 각종 문화 행사에 참여해온 일꾼이며 실무자로서 밀양문화를 가꾸어온 산증인의 한 사람이다. 그의 삶과 일생엔 '남천과 영남루' 의 혼과 가락, 밀양의 맛, 멋, 흥의 신명과 운치와 향토애가 흐르고 있다. 남이 알아주건 말건 '남천과 영남루' 의 풍광과 아름다움에 취해서 저절로 빠져온 세월이었다.

> 용두목 철교를 울리던 기적소리, 살구꽃 복사꽃 피던 평리마을, 흰 능금꽃과 붉은 복숭아꽃이 점점이 어울리던 과수원 길, 금모래 은모래 빤짝이던 천내그랑의 모래톱, 남천강이 굽이치는 영남루…. 그리움이 쌓인 고향의 그림과 여백들.
>
> 영남루 처마 끝에서 빤짝이는 남천강의 낙조, 서산마루에 걸린 황혼이 찬란한 마지막 빛을 뿜습니다. 서쪽으로 나르는 추억의 새를 따라 그리운 날의 꿈을 찾습니다.
>
> 이제 지나온 날보다 남은 날이 그리 많지 아니합니다. 꿈을 키워주던 요람의 흔적도 지워지고, 추억은 그림자만 겹겹이 쌓입니다.
>
> –「천내의 꿈」을 펴내면서의 일부

최인식 수필가는 소년 시절 하나의 꿈을 간직하고 있었다. '나도 글을 쓰고 싶다'는 꿈이었다. 그의 바람은 마침내 수필가로 등단하게 되었고 밀양문인협회 회장을 역임하는 등 지역 문단에 중추적인 역할을 해왔다.

최인식 수필가는 머리글에서 이렇게 처녀 수필집을 내는 소감을 밝히고 있다.

'그동안 응어리로 남아있던 흔적과 낙수를 모았습니다. 부족하고 미급합니다. 홀랑 옷을 벗은 알몸으로 나섰다는 부끄러움이 앞섭니다. 그래도 평생 가슴속에 담아 왔던 소년의 꿈을 되새길 수 있다는 기쁨으로 가슴이 벅찹니다.'

팔순의 작가가 처녀 수필집을 내는 소회를 밝히는 마음을 짐작하면서 왠지 짠해지는 기분마저 든다. 겸허한 마음과 함께 인생의 경지와 무게를 느끼게 한다. 수필의 경지는 곧 인생의 경지가 아닐 수 없다. 젊은 수필에선 패기와 거침없는 용기를 보게 되지만, 노인의 글에선 인생의 성찰과 일생을 통한 삶에 대한 발견과 깨달음의 꽃을 알려 준다.

2.

최인식 수필가는 밀양 문화의 지킴이로서 평생을 보내신 분이다. 지역 문화에 관한 일이라면 솔선 참여하고 헌신해 왔다. 팔순이 되어 펴내는 처녀 수필집 『천내의 꿈』은 한 개인의 삶과 인생의 비망록에 그치는 단순성을 초월하여 밀양 문화권의 깊이와 향토애를 보여주고 있다. 밀양아리랑의 구성진 음율 속에 끓어오르는 애환을 넘어 신명과 환희에 이르는 흥과 운치를 담아내려 하고 있다. 향토 문화사적인 기록과 체험담도 있지만, 애향과 문화예술로 평생을 보낸 삶에서 늦게 피워낸 꽃송이가 다름 아닌 『천내의 꿈』이 아닐까 한다.

> 최인석, 그는 1936년 6월 밀양시 내일동 신당말리에서 태어났고, 평생을 이곳에서 살았다. 앞동산, 뒷동산이 있고 남천강이 있는 고향, 밀양이 정말 좋아서 이곳을 떠나서는 살 수 없을 것 같은 절실함 때문이었다. 그동안 직장 따라 떠날 기회가 있어도 결코 떠나지 아니했다.
>
> 그는 오늘도 밀양을 사랑하고 밀양의 문화예술이 좋다는 긍지 속에 산다. 그는 유명작가도 아니고 작품집 한 권도 없다. 그러나 열정과 긍지만은 누구 못지아니하다고 자부한다.
>
> –「나의 길」의 서두 부문

최인식 수필가는 평생을 고향을 지키며 지역문화 발전에 헌신해 온 작가이다. 『천내의 꿈』은 한 수필가의 개인 저서이긴 하지만, 밀양문화의 산증인의 한 분으로 밀양문화의 모습과 전개 과정이 담겨 있어서 밀양 문화의 내력과 모습을 볼 수 있는 자료로서의 가치성을 아울러 갖고 있음을 본다.

수필 쓰기는 '나의 삶, 나의 인생'을 거울에 비춰내듯 담아낸 자화상이다. 수필은 자신의 삶과 인생을 담는 그릇이다. 성격과 취향에 맞는 그릇이어야만 자신의 삶과 인생을 제대로 담아낼 수 있다.

수필은 가장 친근하고 편안하게 다가설 수 있는 문학이다. 읽고 쓰기에 가장 쉬운 문학이지만, 좋은 작품을 남기기란 실로 어렵다. 인생과 마음의 경지에 따라 수필의 품격과 경지가 달라지기 때문이다. 수필을 쓰는 방법을 아는 것도 중요하지만 인생의 수련, 마음의 연마, 인격의 도야가 필요하다. 인격에서 향기가 나야 문장에서 매화 향기가 난다. 최인식 수필에선 도야된 인격에서 풍기는 향기와 멋이 있다.

수필은 체험과 느낌을 쓰는 것만으로 그쳐선 안 된다. 자신의 체험과 느낌이 독자들에게 인생적인 도움을 제공할 수 있어야 한다. 수필은 자신의 이야기이지만, 그것을 모든 사람들이 공유함으로써, 독자들의 삶에 의미를 제공하는 것이어야 한다. 독백이되 그냥 자신의 푸념이어서는 안 되며, 모든 사람에게 공감과 새로운 발견과 의미를 제공해야만 수필이 될 수 있다. 신변잡사身邊雜事의 나열이 아니라, 그 속에서 진실의 발견, 본질의 탐구, 의미의 창출이 있어야 한다. 최인식의 수필이 사적인 체험에서 벗어나 독자들에게 공감을 일으키는 것은 체험의 사회적인 확대를 통해 삶의 의미와 깨달음을 주고 있기 때문이다.

수필을 쓰면 마음의 정화, 평온, 치유, 깨달음을 느끼게 된다. 인생을 성찰하게 되며 인생을 보는 안목을 넓히는 계기를 마련해 준다. 수필을 쓰는 목적은 인생의 기록과 함께 인생에 의미와 가치를 발견하고 부여하는 데 있다. 보다 가치 있고 보다 의미 있고 보다 아름다운 인생을 추구하게 이끈다.

좋은 수필을 발견하는 것은 좋은 인생을 만나는 일과 다름없다. 좋은 수필은 곧 좋은 인생이 바탕이 된 것이므로 아름다운 공동체를 건

설하는 일과 닿아있다. 수필쓰기는 삶과 인생에 대한 발견이자 창조이다. 인생이란 그릇에 얼마나 아름답고 감동적인 꽃을 피워놓느냐 하는 것이 수필의 얼굴이 아닐 수 없다.

해방이 되던 해 15일이던가 16일이던가…… 해가 서쪽으로 스멀스멀 기울어져 가던 때 멀리 밀양교 쪽에서 둥둥 큰 북소리와 흥겨운 농악 소리가 들려왔다.

조무래기들은 우르르 모래 둔덕으로 몰려가 일제히 그쪽을 보았다. 밀양교 다리 위 가득히 사람들이 무리지어 있었고 맨 앞쪽에 높이 쳐든 큰 횃대나무에 달린 깃발이 장단에 맞추어 우쭐우쭐 춤을 추고 있었다.

「일본 사람들이 저거 나라로 쫓겨 간다고 좋아서 저 카는기라…」

머리 통 큰 놈이 저만 안다는 듯이 자랑삼아 하는 말에 조무래기들은 그게 무슨 뜻인지도 모르면서 그냥 고개를 끄덕이었다.

큰 구경거리가 생긴 것이 그저 좋았다. 한패의 조무래기들은 냅다 다리께로 내딛고 남은 아이들은 다시 첨벙 물속으로 뛰어들었다.

그들의 머리 위로 고추잠자리 한 떼가 맴돌고 있었다. 아이들은 그렇게 천내그랑의 물과 모래톱에 뒹굴면서 자랐다. 세월은 그렇게 훌쩍 흘러갔다.

(중략)

오늘도 밀양교에 서서 천내그랑 쪽을 바라본다. 난간 위에 몸을 싣고 지그시 눈을 감는다.

이미 이순을 훌쩍 넘어버린 세월… 생활 한 켠으로 밀려난 채 나날이 변해가는 세상살이를 지켜보는 길목에는 추억만 겹겹이 쌓이고 그 너머로 황혼의 잔영殘影이 스멀거린다.

철없던 시절 하늘의 별이라도 딸 것만 같았던 그날의 기억들도 이미 희미하게 바래 버렸다.

턱걸이하듯 생존현장의 마루턱을 넘어 보려는 안타까움으로 바둥거리는 자존심과 까닭 없는 꼬투리로 조바심치는 모습은 텅 비어버린 가슴속에 허전한 한숨만 남긴다.

일자봉과 추화산이 거기 있고 솔밭도 예와 같이 푸르르다. 그러나 꽤 기적소리 요란하던 추억 어린 증기기관차는 부웅-하는 디젤기관차로 바뀌었다. 개구리 헤엄치던 꼬부랑바위도 없어졌다. 할머니와 어머니가 촛불을 켜고 치성을 드리며 복을 빌던 귀신바위도 자취를 감추었다. 찰랑이던 물결에 실려 모래알이 구르던 모래톱도 간 곳이 없다. 햇살이 반짝이던 모래알과 빨갛고 파랗던 밤자갈과 키 낮은 땅버들도 흔적이 없다.

이미 변해버린 천내의 아름다움, 그림의 여백에는 하늘과 땅, 산과 나무, 바람과 강물…. 그리움이 왈칵 몰려오고 반백의 성근 머리카락에는 강바람만 싱그럽다.

-「천내의 꿈」 일부

『천내의 꿈』은 최인식 수필의 대표작이라고 할 만하다. 밀양의 상징성이랄 수 있는 '남천강'을 소재로 한 이 작품엔 저자의 일생이 남천강과 함께 숨 쉬고 있음을 실감하게 해준다. 밀양인의 가슴속에는 언제나 남천강이 흐르고 있으리라. 이 작품은 어린 시절, 해방되던 해, 군대 복무 이후, 이순을 넘긴 시절 등 평생 동안을 남천강과 더불어 지내오면서 남천강에서 바라본 인생의 회고와 삶에 대한 의미를 담아낸 작품이다. 남천강의 수려한 자연 풍광과 생명성, 세월은 흘러가도 변함없이 흐르는 고향의 자연 정서와 문화 예술의 향기를 관조하면서 반백의 성긴 머리카락에 이는 강바람을 맞고 있는 자화상을 그려내고 있다. 고향 밀양에서 태어나 남천강과 함께 보내온 향토문화인으로서의 일생을 압축하여 그려낸 수필이다.

저자의 일생의 모습을 눈앞에 펼치듯 보여주고 있는 가운데, 천내에 벌거숭이로 안겨서 꿈꾸던 아름답던 추억과 노년의 모습을 떠올리며 인생미학을 그려보는 작가의 마음이 잘 담겨진 작품이다.

3.

최인식 수필가는 노년에 이르러 처녀 수필집을 내놓게 되지만, 허투루 손쉽게 쓴 글이 아님을 보여준다. 문장 속에는 연륜의 사색과 고향애가 녹아 있으며, 밀양 문화의 밑거름이 된 문화계 인사들과의 도타운 우정과 교우를 가슴속에 지니고 있다. 세월이 흐르고, 유명을 달리한 옛 벗들의 모습이 가슴에 남아있다. 최인식 수필가의 글을 읽으면 지나간 세월 속의 밀양 문화 현장의 모습이 보이고 밀양인의 인심과 맑은 교우를 대할 수 있다.

> 화톳불과 횃불, 강물따라 흐르는 유등들이 교교한 달빛에 넘치듯 출렁인다. 밀양아리랑 대합창단의 경쾌하고 신명나는 노래와 달빛의 어울림, 그건 환상이었다. 두고두고 잊지 못할 추억을 간직하고 이제 떠나야 할 시간이었다.
>
> "최형, 그동안 고마웠소. 또 만납시다."

B형이 불쑥 원고지 한 권을 내밀면서 손을 잡았다. 굵은 검은테 안경 속에서 눈빛이 이글이글 불타고 있었다.

"글 좀 쓰시오. 글 쓴다는 소식 통 못 들었어. 게으름 피우지 말고 글 좀 쓰라고 원고지를 주는 거요."

잡힌 손아귀가 아플 만큼 힘이 실려 있었다. 따뜻한 체온이 정겹게 전해왔다.

그때 받은 원고지가 지금까지 책장 속에 간직되고 있는 것이다.

(중략)

생활인으로 충실하고 부끄럼 없이 살려고 다짐해 왔다. 그러나 벅찬 현실의 고달픔과 삶의 행간에서 문득 텅 빈 듯한 번뇌에 방황할 때가 더 많았다. 그래도 마음의 그릇을 깨끗이 간직하고자 다짐했다.

그때마다 문득 잊고 있었던 것처럼 책을 펴 들거나, 원고지를 꺼내 놓곤 했다.

B형이 주고 간 원고지이다. 처음 만났을 때의 그 강한 인상과 글쓰기를 당부하던 B형의 따뜻함이 배어있는 원고지였다.

그렇지마는 단 한 장의 책도 읽을 수 없었고, 단 한 줄의 글도 쓸 수 없었다.

가슴속 가득한 욕심, 아집 때문이었다. B형이 주고 간 원고지에만은 최소한 명문장이어야만 하고, 수준 높은 철학이 담겨야한다는 강박감에 전혀 글을 쓸 수 없었다.

(중략)

오늘도 원고지를 꺼내본다.

B형과의 아기자기한 사연은 하나도 기억되는 게 없다. 그래도 원고지를 건네주던 따뜻한 체온과 빛나던 눈매는 아직도 생생하다.

이 세상에서 가장 멋진 문장이 쓰여진다 해도 이제는 차마 이 원고지를 쓸 수 없다.

그냥 보고만 있어도 따스한 생기가 넘친다.

–「원고지 한 권」 일부

「원고지 한 권」은 글쓰기에 대한 자세와 이에 대한 소회를 드러낸 글이다. B형으로부터 원고지 한 권을 선물로 받으며 "글 좀 쓰시오. 글 쓴다는 소식 통 못 들었어. 게으름 피우지 말고 글 좀 쓰라고 원고지를 주는 거요."라며 건네 준 원고지를 사용하지 못하고 간직하게 된 사유를 고백한 작품이다. 그 원고지에 명작을 쓰겠다는 강박관념을 갖고 정작 그 원고지를 비워둔 채 오늘에 이르게 된 사유를 밝히고 있다. '가슴 속 가득한 욕심, 아집 때문이었다. B형이 주고 간 원고지에만은 최소한 명문장이어야만 하고, 수준 높은 철학이 담겨야한다는 강박감에 전혀 글을 쓸 수 없었다.' 고 늦은 고백을 토로한다.

최인식 수필가는 한 줄의 문장을 쓰더라도 먼저 마음의 경지와 쓰고자 하는 소재가 좋은 글감인가를 먼저 점섬하는 모습을 보여준다. 원고지를 선물로 준 B형의 마음에 부합되는 글을 써보려는 작가다운 태도가 드러나 보인다. 수필은 단순히 자신의 체험을 기록하는 데 그치는 글이 아니다. 자신의 체험을 통한 인생의 발견과 깨달음을 꽃피워내는 글이어야 한다. 독자들의 심혼을 울릴 수 있는 글은 맑고 심오해야 한다. 맑은 글을 쓰려면 먼저 작가의 마음이 맑고 투명해져야 한다. 마음에서 향기가 나야 문장에서도 향기가 나는 법이다. 좋은 수필을 쓰려면 먼저 좋은 인생 경지가 필요하다. 수필의 경지가 곧 인생이 경지인 셈이다. 〈원고지 한 권〉에서 B형이 주고 간 원고지에 글을 쓰지 못하는 것은 작가의 글쓰기 태도가 진지하고 본격적인가를 그대로 보여준다.

'이 세상에서 가장 멋진 문장이 쓰여진다 해도 이제는 차마 이 원고지를 쓸 수 없다. 그냥 보고만 있어도 따스한 생기가 넘친다.'

이 수필의 결미부문만 보아도 최인식 수필가의 수필을 대하는 작가적인 정신과 태도를 알게 해준다.

4.

최인식 수필가의 『천내의 꿈』에서 주제어主題語를 찾는다면 밀양, 고향, 남천강이 될 것이고, 이 중에서 한 낱말로 요약할 수 있다면 '남천강' 될 것이다. 작가는 군대 생활을 제외하면 고향을 떠나본 적이 없는 밀양 사람이다. 밀양사람의 가슴속에는 남천강이 흐르고 있을 듯하다. 시내로 나오면 눈에 들어오는 게 남천강과 영남루이며, 자자손손 남천강물을 먹고 살아온 사람들이다. 밀양이란 도시를 낳아 준 어머니와 같은 강이다. 강은 천년만년을 흐르면서 사람들에게 무한의 정서와 지혜와 상상력을 부여해 왔다.

해가 지고 어둠이 내리면 삼문동쪽 강변에서는 아낙네들이 멱을 감았다. 스름스름 어둠이 내리기 시작하면 아낙네들은 삼삼오오 강변으로 모였다. 강변은 금방 아낙네들의 천지였다. 바닥까지 훤히 드려다 보이는 강물은 맑고 차가웠다. 매끄럽고 고운 자갈들이 질펀하게 깔린 강바닥에 물 흐름도 완만했다. 무릎밖에 차지 아니하는 강물에 몸을 담그면 으스스 할 만큼 차고 시원했다. 끼리끼리 짝을 이룬 아낙네들의 낭랑한 웃음소리가 끊이지 아니했다. 멱을 감고, 물장난에 더위는 저만큼 물러갔다. 간혹 청아한 누나들의 노랫소리가 강바람에 실려 오곤 했다.

보름달이 휘영청 밝은 날이면 강변은 그대로 한 폭의 그림이었다. 검은 강바닥에 놓인 흰옷더미와 짙은 그림자의 어울림이 절묘했다. 모자이크로 된 추상화 같았다. 출렁이는 물결에 부서진 달빛은 아낙네들의 몸에서 하얗게 빛났다.

강바람에 넘치는 달빛, 출렁이는 물결에 갈가리 찢어져 번쩍이는 달빛, 흥겹고 낭랑한 웃음소리들…. 겹겹이 쌓인 그 시절의 그리움을 싣고 남천강은 지금도 흐른다.

그 시절, 전쟁의 찬바람에 어렵고 힘든 시절이었다. 헐벗고 굶주림에 꿈도 없고 끼를 펼 수도 없었다. 그러나 내일에 대한 두려움이 없었다. 마음껏 뛰고 놀면 되었다. 용두할미의 보살핌이 있었기 때문이었을까. 지금도 뒷동산 나무들의 이파리 하나하나가 그립고, 남천강의 자갈 하나에도 추억이 실렸다. 꿈 많던 개구쟁이가 뛰놀던 모든 곳이 그립다.

불안과 좌절이 점철된 세상을 살아오면서도 절망하지 아니한 것은 그날의 그리움이 남아 있기 때문일까. 옹색한 세월 보다는 행복했던 어린 시절의 그리움이 있기 때문일까.

가을에 낙엽 지듯 하나하나 떨어져 가는 기억과 인연들. 나무는 새봄에 더 많은 잎과 꽃을 피우기 위해 묵은 잎을 떨어낸다.

찬바람이 부는 골목에 나서면 많은 사람들과 만난다. 새로운 세상과 만난다. 사람들의 따뜻한 정이 있고, 삶의 깊은 의미를 생각하게 한다.

남천강은 오늘도 저 낮은 곳을 향해 흐른다.

—「그리운 시절」 일부

「그리운 시절」은 남천강을 배경으로 전개되며 남천강이 작가를 키운 요람이며 정신의 어머니였음을 알려준다. 여든이 되어 발간하는 처녀 수필집『천내의 꿈』의 바탕엔 남천강변에서 일생을 보낸 '그리운 사절'의 회고록이다. 세월에 퇴색되지 않게 가난했지만 맑고 행복했던 '그리운 시절'을 '천내의 꿈'에 아로새겨 놓았다. 이 일은 개인적인 작업에 그치지 않고, 밀양문화를 회고하고 그때의 문화상을 살펴볼 수 있는 자료적인 가치도 지니고 있음을 본다. 향토문화 현장에서 살아온 지역 문인의 지역문화 속에서 얻어낸 수필들은 지역문화 현장의 기록이란 점에서 문화적인 가치를 발견할 수 있으리라고 본다.

5.

최인식의 수필들은 신변잡사身邊雜事에 그친 글이 아니다. 해방과 6·25 등 역사의 변동기와 산업사회, 정보화시대인 오늘에 이르기까지 '밀양'을 삶의 배경으로 삼아 일생을 보내온 한 문화지킴이의 문화사적인 안목으로 그려낸 인생의 족적에는 향토문화에 씨를 뿌리고 가꾼 열정과 사랑이 녹아 있음을 느낀다. 팔순에 펴내는『천내의 꿈』은 남천강의 영혼과 아름다움이 빚어낸 밀양의 자연미와 문화의 뼈이며 살이다. 남천강의 강물과 바람과 모래밭이 피워낸 해바라기

꽃이다. 최인식은 향토 수필가로서 무욕의 삶과 경지를 이번 작품집을 통해 여실히 보여준다. 밀양의 남천강의 유유한 물결과 호흡을 맞추면서 밀양이 지닌 고유한 문화 정기를 이어받아 일생의 발견과 깨달음을 '천내의 꿈' 을 통해 전하고 있다. 그의 일생과 행적이 남천강이 알고 있을 것이며, 처녀 수필집 『천내의 꿈』으로 뜻 있고 보람 있는 향토문화인의 삶은 향토 문화지킴이이며 개척자로서 오래도록 남을 것이다.

최인식 님의 수필집 『천내의 꿈』 출간을 축하드리며 앞으로의 수필의 길에 행복이 충만하길 기원한다.

천내의 꿈

인쇄일 2015년 7월 25일
발행일 2015년 7월 30일

지은이 최인식
펴낸이 박철수
펴낸곳 도서출판 해암

등록번호 제325-2001-000007호
주소 부산시 중구 백산길 17 삼성빌딩 702호
전화 051)254-2260, 2261
팩스 051)246-1895
메일 haeambook@daum.net

ISBN 978-89-6649-075-2 03810

값 15,000원

*이 도서의 국립중앙도서관 출판예정도서목록(CIP)은 서지정보유통지원시스템 홈페이지(http://seoji.nl.go.kr)와 국가자료공동목록시스템(http://www.nl.go.kr/kolisnet)에서 이용하실 수 있습니다. (CIP제어번호: CIP2015020348)